Khalil Gibran

# *Die sieben Worte der Weisheit*

Herausgegeben und eingeleitet
von Jean-Claude Höfliger

Mit Bildern
von Françoise Girardot Hiestand

Walter Verlag
Zürich und Düsseldorf

Die Deutsche Bibliothek – CIP-Einheitsaufnahme

**Ǧibrān, Ǧibrān Halīl:**

Die sieben Worte der Weisheit / Khalil Gibran.

Hrsg. und eingeleitet von Jean-Claude Höfliger.–

4. Aufl. – Zürich ; Düsseldorf: Walter, 1998

ISBN 3-530-10004-8

© 1997 Patmos Verlag GmbH & Co. KG

Walter Verlag, Düsseldorf und Zürich

5. Auflage 2001

Satz und Lithos: Jung Satzcentrum Lahnau

Druck und Einband: Clausen & Bosse, Leck

Printed in Germany

ISBN 3-530-10004-8

# Inhalt

# Einleitung

Wir werden niemals einander verstehen,
bis wir die Sprache auf sieben Worte reduziert haben.

Als Barbara Young, Vertraute und Biographin Gibrans, die Idee hatte, Aussprüche von Gibran, die er während der gemeinsam verbrachten Stunden in seinem Atelier zum besten gab, zu sammeln und in einem Buch zu veröffentlichen, machte er sich anfangs über diese Idee lustig. Er sagte, es wäre nicht mehr als Sand und Schaum. Doch allmählich fand er Gefallen daran und begann, Sätze zu bilden, die zu den ausdrucksstärksten gehörten, die er je gesagt oder geschrieben hatte. Nachdem eine große Anzahl solcher Aussprüche gesammelt waren, wurde dem Verleger ein Manuskript überreicht mit dem Titel «Sand und Schaum». Gibran nannte es stets liebevoll das «kleine Buch der Sprichworte».

Wie hätte er wohl die Sammlung der brillantesten Juwelen seines Denkens und Dichtens genannt, wie sie hier in Form eines kleinen Geschenkbuchs vorliegt?

Khalil Gibran wurde am 6. Dezember 1883 in der libanesischen Stadt Becharré geboren. Mit zwölf Jahren zog er mit Mutter und Geschwistern nach Boston. Einige Jahre später kehrte er in den Libanon zurück, um seine Arabischstudien zu vollenden. 1902 emigrierte er erneut in die Vereinigten Staaten. Er arbeitete zunächst als Kolumnist für eine arabische Tageszeitung. Nach einem vierjährigen Aufenthalt in Paris, wo er sich der Malerei hingab, kehrte er 1910 in die USA zurück; sein

Bemühen galt nun vor allem der Erneuerung der arabischen Literatur.

Er war einer der ersten Schriftsteller, die mit der starren arabischen Schreibtradition brachen, welche nur die strengen Formen der altarabischen Dichtung und die Reimprosa anerkannte. Er faßte seine Gedanken in reimlose Prosa und benutzte für jedermann verständliche Worte. 1920 gründete er in New York die Arabische Literarische Gesellschaft. Viele seiner Schriften erschienen in arabischen Zeitschriften, die in New York veröffentlicht wurden und seinen Namen auch in arabische Länder trugen, wo, wie sein Freund Michail Nuaimy schreibt, «die junge Generation ihm als dem aufsteigenden Stern am Firmament der neuen arabischen Literatur zujubelte». Mit «Der Prophet», der in Millionen Exemplaren verkauft und in über zwanzig Sprachen übersetzt wurde, erlangte er Weltruhm.

Er starb in der Emigration am 10. April 1931 nach langer und schwerer Krankheit. Gibrans Landsleute bereiteten dem toten Dichter einen triumphalen Empfang. In einer langen Prozession wurde er nach Becharré geleitet und − seinem Wunsch gemäß − in der alten Kapelle des Klosters Mar Sarkis beigesetzt.

Sein Leben umspannte die Alte Welt des Vorderen Orients sowie die Neue Welt der Vereinigten Staaten und Europas. Zeitlebens war er darum bemüht, die beiden Pole zu verbinden. Er kämpfte wortgewandt gegen die herzlose Enge menschlicher Vorschriften und Gesetze, die Doppelmoral der Mächtigen von Kirche und

Staat der Alten Welt; und er bekämpfte die Herrschaft des Profits und die zerstörerischen Kräfte des Materialismus der Neuen Welt. Er eignete sich jedoch auch die Weisheitstradition der Alten Welt an und fand lobende Worte für die Freiheiten der Neuen Welt. Er war also ein vielseitiger Aufklärer, der die Menschen von ihrer Unmündigkeit befreien wollte, indem er sie auf das verwies, was ihnen Würde verleiht: die Freiheit, über sich selbst zu bestimmen.

Er war zugleich auch Mystiker mit einem Sinn nicht nur für die zu verändernde Wirklichkeit, sondern auch für die andere, unveränderliche. Er bedachte und bedichtete nicht bloß das irdische Ich der Taten, sondern ebenso das himmlische Ich, das sich zur «Einheit des universellen Wesens» erheben sollte, worin alle Unterschiede, Widersprüche und Streitigkeiten aufgehoben sind. Seine archaischen Bilder und biblisch anmutenden Sentenzen kreisen um die Fragen nach Liebe, Schönheit, Gott, Leben und Erde. Er preist eine Erde, der sich die Menschen im Osten wie Westen zunehmend entfremdeten. Sternenhimmel, Meeresufer, Regenrauschen, Blumen, Bäche und Meere werden nicht allein um ihrer Schönheit willen besungen, sondern ebenso, um dem Menschen die Weisheiten seiner inneren Natur näherzubringen, den Willen des Schöpfers zu offenbaren und den Weg zu Gott zu weisen.

Eines Tages führte Gibran mit Barbara Young ein ungewöhnliches Gedankenexperiment durch. Er fragte sie, welche sieben Worte sie sich merken würde, falls sie gezwungen wäre, alle Wörter bis auf sieben zu vergessen. Sie nannte, wie Joseph Sheban – ein Freund und Biograph Gibrans – schreibt, deren fünf: Gott, Leben, Liebe, Schönheit und Erde. Da ihr nicht mehr Worte einfallen wollten, fragte sie ihrerseits Gibran, welche er zusätzlich wählen würde. Er antwortete, daß die wichtigsten Worte «Du» und «Ich» seien; ohne dieses Wortpaar gäbe es die anderen nicht. Dann zählte er seine sieben Worte auf: Du, Ich, Leben, Gott, Liebe, Schönheit und Erde.

Gibran schälte mit dem Gedankenexperiment heraus, «was die Welt im Innersten zusammenhält». Die vorliegende Textsammlung ist in die genannten sieben Sphären gegliedert, die auch das Innerste des Gibranschen Kosmos bilden. Die Kenntnis der sieben Sphären und der aus ihnen geschöpften Weisheiten ist für das Verständnis von Gibran unumgänglich. Der folgende Spruch von ihm gilt für die Beziehung zu seinen Lesern: «Wir werden niemals einander verstehen, bis wir die Sprache auf sieben Worte reduzieren.»

Gibrans Schaffen ist beseelt vom apollinischen Spruch: Erkenne dich selbst. Die Spannungen zwischen vertrautem und fremdem Ich, zwischen dem irdischen und dem himmlischen Du, zwischen dem endlichen und dem zeitlosen Leben, zwischen fleischlicher und geistiger Liebe sind nicht nur Thema, sondern auch Motor des schöpferischen Schreibens. Durch alle sieben Sphären zieht sich die Grundspannung hindurch zwischen dem, was vertraut ist und sich an der Oberfläche zeigt, und dem, was im Verborgenen weilt. An der

Oberfläche von Ich und Du, Liebe und Leben, Gott, Schönheit und Erde bewegen sich unterschiedliche Erscheinungsformen, hinter denen sich eine Stille und Tiefe verbirgt, die ersehnt wird, ohne die Mehrstimmigkeit der Formen zu verleugnen. Zu dieser Tiefe und Stille kann man nur gelangen, wenn man wie Gibran erkannt hat, daß der Mensch nicht das Maß aller Dinge ist. Das Auge des Menschen ist manchmal wie ein Fernglas, das die Dinge größer erscheinen läßt als sie sind, manchmal wie ein umgekehrtes Fernglas. «Wir würden», sagt Gibran, «vor dem Glühwürmchen ebenso ehrfürchtig stehen wie vor der Sonne, wenn wir nicht an unsere Vorstellung von Gewicht und Maß gebunden wären.» Das gilt nicht nur für das Glühwürmchen.

Schon zu den einzelnen Sphären kann man mit Gibran meditieren; aber lautet die spannendste Rätselfrage nicht: Wie verhalten sich die sieben Sphären zueinander? Wie verhält sich beispielsweise die Liebe zur Schönheit und die Schönheit zum Leben? «Leben, Liebe und Schönheit», schreibt Gibran, «sind drei Wesen in einem einzigen, die weder ausgetauscht noch voneinander getrennt werden können.» Dieser Gedanke trifft auf alle Sphären zu; sie sind voneinander nicht zu trennen und nicht austauschbar. Bevor man zur mystischen Einsicht gelangt, daß die sieben Sphären eins sind, muß man ihre Untrennbarkeit erkannt haben. Keines der Worte hat ohne die andern Nennkraft. Und keine irdische Sprache kann die Nennkraft der Worte voll ausschöpfen, gerät sie doch an ihre Schranke angesichts der

Grenzenlosigkeit, die sich in den sieben Sphären zugleich ausspricht und ausschweigt. So spricht Gibrans Sprache unentwegt gegen ihre eigenen irdischen Wurzeln an.

Gibran-Leser sind wie Gibran selbst beseelt von dem, was das Bekannte übersteigt, von einer Sehnsucht nach dem Grenzenlosen, dem sie mit dem Herzen näherkommen wollen, das «dank seiner Liebe Licht aus Finsternis schöpft», wie Gibran sagt. Sie müssen fähig sein, mit dem Herzen in jedem der Worte alle anderen wiederzuerkennen und in allen Worten das Unaussprechliche.

Wie also hätte Gibran diese Sammlung der prägnantesten Aussprüche zu den sieben Sphären genannt? Wir werden es nie erfahren. Wir wissen nur, daß er die sieben Worte ausgesprochen hat im klaren Bewußtsein ihrer Zeitlosigkeit.

*Jean-Claude Höfliger*

# Vom Du

Gib mir Gehör, und ich werde dir Stimme geben.

Wenn du das Ende von dem erreichst, was du wissen
solltest, stehst du am Anfang dessen, was du fühlen solltest.                                                              Sand, 46

§▲

Du kannst nicht irgend jemanden über dein Wissen von
ihm hinaus richten; wie klein ist dein Wissen.      Sand, 40

§▲

Solltest du wirklich deine Augen öffnen und sehen, du
würdest dein Ebenbild in allen Bildern erblicken.
    Und solltest du deine Ohren öffnen und hören, du
würdest deine eigene Stimme in allen Stimmen hören.
                                                                  Sand, 17

§▲

Du siehst nur deinen Schatten, wenn du deinen Rücken
zur Sonne drehst.                                         Sand, 27

Weder deine Freude noch dein Kummer vergrößern sich, ohne daß die Welt in deinen Augen kleiner wird.

Erde, 19

&

Wenn du meine Worte nicht verstehst, dann warte, bis ein neuer Tag beginnt. Wenn du diesen Stein verwünscht hast, weil du in deiner Blindheit über ihn gestolpert bist, dann wirst du auch einen Stern verwünschen, sollte dein Haupt mit ihm am Himmel zusammenstoßen. Doch der Tag wird kommen, da wirst du Steine und Sterne sammeln, wie ein Kind die Lilien des Tales pflückt, und dann wirst du wissen, daß all diese Dinge leben und köstlich duften.

Garten, 42/43

&

Dein Verstand und mein Herz werden sich niemals einigen, bis dein Verstand aufhört, in Zahlen zu leben und mein Herz im Dunkel.

Sand, 26

&

Grabe irgendwo in der Erde, und du wirst einen Schatz finden, nur mußt du mit dem Vertrauen eines Bauern graben.

Sand, 47

Das ist das Geheimnis
unseres Seins.
Willst du deine Ernte
etwa nicht einbringen,
weil es dich drängt,
die Furchen der Träume
aufs neue zu besäen?                                          Götter, 39

༈

Wenn du dem Wind deine Geheimnisse offenbarst, solltest du den Wind nicht tadeln, wenn er sie den Bäumen
offenbart.                                                   Sand, 55

༈

Bruder, suche nie das Wesen eines Menschen danach zu
beurteilen, was in Erscheinung tritt. Halte nie eines seiner Worte oder eine seiner Handlungen für ein Zeichen
seiner Gesinnung. Es könnte sein, daß derjenige, den du
nicht verstehst, Mühe hat, sich auszudrücken oder ver-
ständlich zu machen.                                        Erde. 8

༈

Vielleicht hast du einmal Gelegenheit, am selben Tag
einen Palast und eine Hütte zu betreten; du verläßt den
Palast ehrfürchtig und die Hütte voller Mitleid. Doch
wenn du den Schleier zerreißen könntest, den deine

Sinne aufgrund von Äußerlichkeiten weben, dann würde deine Ehrerbietung dahinschmelzen bis auf den Rest eines Bedauerns, und dein Mitleid würde einem Gefühl der Hochachtung Platz machen.

Erde, 9

۶۵

Die Hälfte von dem, was ich sage, ist bedeutungslos; aber ich sage es so, daß die andere Hälfte dich erreichen kann.

Sand, 15

۶۵

Du beschwörst das Unbekannte,
nach dem du strebst,
aber dies Unbekannte
– in Nebel verhüllt –
wohnt in unserer Seele.

Götter, 38

۶۵

Laß den, der seine beschmutzten Hände an deinem Gewand reinigt, dein Gewand nehmen. Er kann es wieder gebrauchen; du sicherlich nicht.

Sand, 31

۶۵

Solltest du auf einer Wolke sitzen, so würdest du keine Grenzlinie zwischen dem einen und dem anderen Land sehen, auch nicht den Grenzstein zwischen einer Farm und einer anderen.

Es ist schade, daß man auf keiner Wolke sitzen kann.

Sand, 61

❧

Begnügst du dich mit der Liebe eines Mannes, dem Liebe Vertrauen bedeutet und nicht Beherrschung?

Genügt dir die Zuwendung eines Herzens, das liebt, ohne sich zu unterwerfen, und das brennt, ohne sich zu verzehren?

Kannst du Gefallen finden an der Liebe einer Seele, die vor dem Sturm zittert, aber nicht zerbricht, und die mit dem Orkan rebelliert, aber sich nicht entwurzeln läßt?

Bist du einverstanden mit einem Begleiter, der niemanden unterjocht und sich nicht unterjochen läßt?

Dann nimm diese Hand in deine schöne Hand, umarme meinen Körper mit deinen sanften Armen und küsse meinen Mund in einem langen, stummen Kuß!

Stürme, 37

❧

Dein strahlendstes Gewand ist aus der Weberei eines anderen Menschen;

dein schmackhaftestes Mahl ist jenes, das du am Tisch eines andern Menschen ißt;

dein bequemstes Bett steht im Haus eines anderen Menschen.

Nun sage mir, wie kannst du dich von den anderen Menschen absondern? Sand, 26

≀❧

O Nebel, meine Schwester Nebel,
Nun bin ich eins mit dir.
Nicht länger mehr bin ich mein Selbst.
Die Mauern sind gestürzt, die Ketten sind zerbrochen.
Zu dir steig' ich – ein Nebel selbst – empor,
Wir werden auf dem Meere treiben bis zum nächsten Tag des Lebens,
Wenn die Morgendämmerung dich als Tautropfen in einen Garten legt
und mich als Kind an die Brust einer Frau. Garten, 77

≀❧

Gib mir Gehör, und ich werde dir Stimme geben. Sand, 14

≀❧

Die Lebensstimme in mir kann des Lebens Ohr in dir nicht erreichen; laß uns jedoch reden, damit wir uns nicht so allein fühlen. Sand, 16

Gib mir die Flöte und du sing ein Lied dazu!
 Gesang schwebt dahin wie ein anmutiger Schatten.
 Die Klage der Flöte lebt lange fort,
 Wenn die Illusionen verblassen und verschwinden.

Ideen, 92

Wie kannst du singen, wenn dein Mund mit Speise
gefüllt ist?
 Wie sollte deine Hand zum Segen erhoben sein,
wenn sie mit Gold gefüllt ist?     Sand, 22

Großzügigkeit besteht nicht darin, daß du mir das gibst,
was ich mehr benötige als du. Sie besteht jedoch darin,
daß du mir das gibst, was du eher benötigst als ich.

Sand, 29

Nimm eine Handvoll guter Erde. Vielleicht findest du
ein Samenkorn darin oder eine Raupe. Wäre deine
Hand nun groß und geduldig genug, würde der Same
ein Wald werden und die Raupe eine Schar geflügelter
Wesen. Doch vergiß nicht, daß die Jahre, die aus den
Samen Wälder bilden und aus den Raupen geflügelte
Wesen, Teile von diesem *Heute* sind.     Garten, 34

Wenn du dich nach Segnung sehnst, die du nicht beim Namen nennen kannst, und wenn du dich grämst, und den Grund nicht kennst, dann wächst du wahrhaftig mit allen Dingen, die wachsen, und brichst zu deinem größeren Selbst auf.

Sand, 14

&

Du bist dein eigener Vorbote, und die Festen, die du errichtet hast, sind nur das Fundament für dein größeres Ich. Dieses größere Ich ist wiederum nur ein Fundament.

Vorbote, 7

&

Wie unachtsam bist du, wenn du die Menschen mit deinen Flügeln fliegen lassen möchtest, und du kannst ihnen nicht einmal eine Feder geben.

Sand, 38

&

Nur, wenn man dich verfolgt, wirst du schnell.

Sand, 33

&

Du ißt schnell und du läufst langsam; hast du etwa mit deinen Füßen gegessen und bist auf deinen Handflächen gelaufen?

Erde, 20

Wenn du in deinen Himmel aufsteigst, steige ich in meine Hölle hinab – und sogar dann noch rufst du über den unüberbrückbaren Golf: «Mein Gefährte, mein Kamerad!», und ich rufe zurück: «Mein Kamerad, mein Gefährte!», denn du sollst meine Hölle nicht sehen! Die Flamme würde dir das Augenlicht verbrennen und der Rauch deine Nüstern schwären. Ich liebe meine Hölle zu sehr, als daß du sie besuchest. Ich will in der Hölle allein sein.

Du liebst die Wahrheit, die Schönheit und das Recht. Um deinetwillen heiße ich dies alles auch gut. In meinem Herzen aber lache ich über deine Liebe. Doch sollst du mein Lachen nicht hören. Ich will alleine lachen.

Du bist gut, mein Freund, behutsam und weise.

Narr, 11

Dein Lebensglück ist wie ein schöner Vogel, den du liebst. Du nährst ihn mit den Körnern deines Herzens und tränkst ihn mit dem Licht deiner Augen. Aus deinen Rippen baust du ihm einen Käfig, und dein Herz ist sein Nest. Und während du diesen Vogel liebevoll betrachtest und seine Federn mit den Strahlen deiner Seele umfängst, entschlüpft er deinen Händen und schwingt sich auf in die Lüfte – bis über die Wolken hinaus; dann kommt er wieder herabgeflogen und hüpft in einen anderen Käfig, in dem er Nahrung findet. Geister, 10

Wenn du wüßtest, mein trauriger Freund, daß das Leid, das dich heimgesucht hat, eben jene Kraft ist, die das Herz erleuchtet und die Seele erhebt, so wärest du froh über diese Heimsuchung; du würdest sie als eine Erzieherin betrachten, die dich lehrt, daß das Leben eine Kette ist, deren Glieder miteinander verbunden sind, und daß die Traurigkeit ein goldenes Glied ist, das sich zwischen der Hingabe ans Heute und der Erwartung des Morgen befindet, so wie das Morgenrot zwischen Schlafen und Wachen.　　　　　　　　　　　　Träne, 120

Leere deinen Becher alleine, selbst wenn er nach deinen eigenen Tränen und nach deinem Blute schmeckt, und preise das Leben für das Geschenk des Durstes. Denn ohne Durst ist dein Herz wie das Ufer eines ausgetrockneten Meeres, klanglos und ohne Gezeiten.

　　　　　　　　　　　　　　　　　Garten, 40/41

Als du noch ein unausgesprochenes Wort auf den Lippen des Lebens warst, war auch ich dort ein anderes unartikuliertes Wort. Dann sprach uns das Leben aus, und wir durchwanderten die Jahre. In uns lebte die Erinnerung an das Gestern und die Sehnsucht nach dem Morgen; das Gestern ist der besiegte Tod, und das Morgen ist die erwartete Wiedergeburt.　　　Vorbote, 8

Das Schicksal kommt ganz unerwartet zu dir. Es starrt dich mit aufgerissenen Augen an, die dir Furcht einflößen. Mit seinen spitzen Krallen greift es dir an den Hals und wirft dich gewaltsam zu Boden; mit eisernen Füßen trampelt es dich nieder und läßt dich lachend im Stich.

Aber es dauert nicht lange, dann kehrt es zu dir zurück. Es bereut sein Verhalten und bittet dich inständig um Verzeihung. Mit seidenweichen Handflächen richtet es dich wieder auf; es singt dir eine heitere Melodie und stimmt dich froh. Geister, 10

# Vom Ich

Das ICH in mir, mein Freund,
wohnt in dem Haus der Stille.
Dort soll es bleiben,
immerdar, unerkannt und unnahbar.

Während der Ebbe schrieb ich eine Zeile auf den Sand,
in die ich alles legte, was mein Verstand und Geist
enthält.

Während der Flut kehrte ich zurück, um die Worte
zu lesen,

und ich fand am Ufer nichts als meine Unwissenheit.

Erde, 161

❦

Ich kenne die absolute Wahrheit nicht. Aber ich stehe
meiner Unwissenheit demütig gegenüber, und darin
liegt meine Ehre und meine Belohnung.   Sand, 12

❦

Ich bin ein Reisender und ein Seefahrer, und jeden Tag
entdecke ich eine neue Region in meiner Seele.

Sand, 47

❦

Wenn ich hinaustrete, um das Licht zu grüßen, folgt mir
der Schatten meines Körpers, aber der Schatten meines
Geistes geht mir voran und weist mir den Weg zu einem

unbekannten Ort, sucht Dinge jenseits meines Verstehens und begreift Gegenstände, die keine Bedeutung für mich haben.

Geheimnisse, 45

❧

Immer wandere ich auf diesen Stränden,
zwischen Sand und Schaum.
Die Flut wird meine Fußstapfen auslöschen
und der Wind den Schaum fortblasen.
Aber das Meer und der Strand werden übrigbleiben.
Ewig.

Sand, 5

❧

Meine Arme wollen
den Weltraum umschließen
und seine Sphären umfassen.
Die Milchstraße will ich
als Bogen benutzen
und die Kometen
als meine Pfeile,
und mit dem Unendlichen
will ich das Unendliche erobern.

Götter, 28

❧

Dieser Gedanke, den wir «Ich» nennen, wird auch er von ewiger Dauer sein? Wird dieser Strahl des Bewußtseins im Dunkel des Schlummers, der ihn umgibt, ewig bleiben? Bleibt diese Wasserblase, die im Sonnenlicht glänzt, und bleiben die Wellen, die das Meer gebar und die es vernichtet, um andere hervorzubringen, werden sie bestehen bleiben?

Erde, 126

❧

Jetzt möchte ich mich selbst verwirklichen. Aber wie sollte ich, es sei denn, ich würde ein Planet, auf dem Leben besteht?

Ist das nicht das Ziel eines jeden Menschen?

Sand, 7

❧

Wie oft begleitet mich jemand durch diese sichtbare Welt, und ich dachte bei mir: Wie schwerfällig und dumm mein Begleiter doch ist! Aber kaum hatten wir die Welt der Geheimnisse erreicht, da mußte ich feststellen, daß ich ein ungerechtes Urteil gefällt hatte und mein Begleiter im Gegenteil sehr geistreich und weise war.

Erde, 7

❧

Mein Schein ist bloß ein sorgfältig gewobenes Kleid, das ich trage, um mich vor deinen Fragen und dich vor meiner Gleichgültigkeit zu schützen.

33

Das «Ich» in mir, mein Freund, wohnt in dem Haus
der Stille. Dort soll es bleiben, immerdar, unerkannt –
und unnahbar.                                    Narr, 10

≀▴

Mein Herz verlangt nach dem,
was das Bekannte übersteigt.
Zum Unbekannten,
das die Erinnerung nicht bewohnt,
drängt es meinen Geist.
Lock mich nicht
mit Ruhm, den ich besaß,
noch mit deinen und meinen Träumen,
denn alles, was ich bin,
alles, was die Erde enthält
und was die Zukunft bringen wird,
kann das Verlangen
meiner Seele nicht stillen.                      Götter, 3

≀▴

Meine Seele trägt schwer an ihren Früchten. Gibt es auf
der Erde jemanden, der hungrig ist, der sie pflückt, ißt
und sich an ihnen labt?

Meine Seele strömt über vom Wein. Gibt es jemanden, der durstig ist, der ihn einschenkt und trinkt, um
seinen Durst damit zu stillen?

Wäre ich ein Baum, der weder blüht noch Früchte trägt, denn die Qualen ungenutzter Fruchtbarkeit sind bitterer als die Leiden der Unfruchtbarkeit!  Erde, 15

&

In eurer Sehnsucht nach eurem höchsten Ich liegt eure Güte: und diese Sehnsucht ist in allen von euch. Aber in einigen von euch ist diese Sehnsucht ein Wildwasser, das mit Macht zum Meer rast und die Geheimnisse der Hügel und die Lieder des Waldes mit sich trägt.

Und in anderen ist sie ein flacher Bach, der sich in Windungen und Biegungen verliert und sich aufhält, ehe er die Küste erreicht.  Prophet, 50

&

Wäre ich nicht lebendig, so wäre ich auch nicht sterblich; und ohne das Verlangen meiner Seele, hätte das Grab mich nicht begehrt.  Erde, 139

&

Wäre ich ein ausgetrockneter Brunnen, in den die Menschen Steine werfen. Es wäre besser als eine Quelle frischen Wassers zu sein, an der die Durstigen vorbeigehen, ohne ihren Durst zu löschen.  Erde, 16

Lieber stürbe ich vor Verlangen, als im Überfluß zu leben. Ich wünsche mir, daß meine Seele immerfort nach Liebe und Schönheit hungert, denn ich sah, daß die Satten die unglücklichsten Menschen sind, und die Seufzer der Sehnsucht erschienen mir wohlklingender als Glockengeläut. Träne, 9

Wenn mein Becher leer ist, finde ich mich mit seiner Leere ab; wenn er jedoch halbvoll ist, ärgere ich mich über seine halbe Fülle. Sand, 14

Ich bin in die Welt gekommen, um im Glanz der Liebe und im Licht der Schönheit zu leben. Und siehe, ich bin lebendig! Die Menschen können mich nicht von meinem Leben trennen. Sollten sie mir mein Augenlicht nehmen, so würde ich den Liedern der Liebe und den Melodien der Schönheit lauschen; sollten sie mir mein Gehör rauben, so würde ich mich an der zärtlichen Berührung der Brise erfreuen, die erfüllt ist von den Seufzern der Liebenden und vom Duft der Schönheit. Und wäre mir auch das verweigert, so würde ich mich mit meiner Seele trösten, denn sie ist die Tochter der Liebe und der Schönheit. Träne, 183

Weder möchte ich die Trauer meines Herzens gegen die Freuden der Menschen eintauschen, noch wäre es mir lieb, daß sich die Tränen meines Kummers in Lachen verwandelten. Vielmehr wünsche ich mir, daß es in meinem Leben stets Tränen und Lächeln gibt: Tränen, die mein Herz läutern und mir helfen, die Geheimnisse und Ungereimtheiten des Lebens besser zu verstehen, und Lächeln, das mich mit anderen Menschen verbindet und Gott verherrlicht. Durch Tränen teile ich den Schmerz aller gebrochenen Herzen, und durch Lächeln bejahe ich das Leben.                    Träne, 9

Mit einer Weisheit, die keine Tränen kennt, mit einer Philosophie, die nicht zu lachen versteht, und einer Größe, die sich nicht vor Kindern verneigt, will ich nichts zu tun haben.                    Ideen, 106

Nie trank ich ein Glas bitteren Wermut, ohne daß sein Nachgeschmack süß wie Honig war. Nie erklomm ich einen steilen Pfad, ohne durch den Anblick eines grünen Tals belohnt zu werden. Und nie verlor ich einen Freund im dichten Nebel, ohne ihn in der anbrechenden Morgenröte wiederzufinden.                    Erde, 7

Ich bewundere den Menschen, der mir seine Seele offenbart; ich ehre den, der seine Träume entschleiert. Aber warum bin ich schüchtern und sogar ein bißchen beschämt vor dem, der mir dient? Sand, 52

๕

Ich brauche den Haß, um mich zu verteidigen. Wenn ich stark gewesen wäre, hätte ich niemals dieser Art von Waffe bedurft. Ideen, 38

๕

Nur, wer unter mir ist, kann mich beneiden oder hassen.

Ich bin nie beneidet oder gehaßt worden; ich stehe über niemandem.

Nur, wer über mir ist, kann mich loben oder herabsetzen.

Ich bin nie gelobt oder herabgesetzt worden; ich stehe unter niemandem. Sand, 35

๕

Warum bin ich nicht ein Baum ohne Blüten und Früchte?

Denn die Qual des Überflusses ist bitterer als die Dürftigkeit,

Und die Trauer des Reichen, von dem niemand nimmt,

Ist größer als die Trauer des Bettlers, dem keiner gibt.

Weshalb bin ich keine Quelle, vertrocknet und versiegt, und Menschen werfen Steine in mich?

Denn es wäre besser und leichter, eine drückende Last zu verspüren, als eine Quelle lebenden Wassers zu sein,

Gereicht den Menschen, die vorübergehen und nicht trinken wollen.                    Garten, 63/64

≈

Eine seltsame Form der Selbstnachsicht. Es gibt Zeiten, da wünschte ich, daß man mir Unrecht tat und mich betrog, damit ich auf Kosten derer lachen könne, die denken, daß ich nicht weiß, daß man mir Unrecht tut und mich betrügt.                    Sand, 31

≈

Wie oft habe ich mir Verbrechen zugeschrieben, die ich nie begangen habe, damit der andere Mensch sich in meiner Gegenwart wohl fühlen kann.    Sand, 32

≈

In der stillsten Stunde der Nacht – ich war halb eingeschlafen – kamen meine sieben Ich zusammen und flüsterten miteinander:

Erstes Ich: «Ich hauste all die Jahre hier in diesem Narren und hatte nichts zu tun, als bei Tag seinen Schmerz zu schüren und ihm bei Nacht neue Sorgen zu bereiten. Ich kann mein Los nicht länger ertragen, und jetzt lehne ich mich dagegen auf!»

Zweites Ich: «Dein Los ist besser als meines, Bruder, denn meine Aufgabe ist's, das fröhliche Ich dieses Narren zu sein. Ich lache sein Lachen, ich singe seine glücklichen Stunden, und mit dreimal beflügelten Schuhen tanze ich seine Heiterkeit. Ich bin's, der sich gegen dieses beschwerliche Los auflehnt!»

Drittes Ich: «Und was ist mit mir, dem von Liebe tollen Ich, der Flamme wilder Leidenschaft und phantastischer Begier? Ich liebeskrankes Ich lehne mich gegen diesen Narren auf!»

Viertes Ich: «Ich bin unter euch allen das elendste, denn ich kann nur mit stetem Haß und Abscheu alles zerstören. Ich bin der Höllensturm aus schwarzer Finsternis und ich will diesem Narren nicht länger dienen!»

Fünftes Ich: «Nein, ich bin es, das denkende, das phantasievolle Ich, von Hunger und Durst dazu verdammt, rastlos Unbekanntes und noch nicht Geschaffenes zu suchen. Ich habe mich zu beklagen, nicht ihr!»

Sechstes Ich: «Ich bin der elende Arbeiter, der mit geduldigen Händen und mit sehnsüchtigem Blick die Tage erst zu Bildern formt und den Stoffen neue und ewige Gestalt verleiht. In meiner Einsamkeit lehne ich mich gegen diesen ruhelosen Narren auf!»

Siebentes Ich: «Wie seltsam, daß ihr euch gegen diesen Mann auflehnt, hat doch jedes von euch eine bestimmte Aufgabe. Ach hätte ich doch, wie ihr, auch eine Bestimmung! Aber ich habe keine. Ich kauere im Dunkel, ohne Raum und Zeit, und tue nichts, während ihr eifrig neues Leben erschafft. Bin ich es, der sich zu beklagen hat, oder seid ihr es, Nachbarn?»

Nachdem das siebente Ich so gesprochen hatte, sahen die anderen sechs es mitleidig an und schwiegen – und als die Nacht fortschritt, schliefen sie eines nach dem anderen ein, froh, eine neue Aufgabe zu haben.

Das siebente Ich aber blieb wach und blickte weiter in das Nichts, das hinter allen Dingen ist.

Narr, 16–18

❧

Jenseits meiner Einsamkeit liegt eine andere Einsamkeit, und wer sie bewohnt, dem erscheint meine Einsamkeit wie ein bevölkerter Marktplatz und mein Schweigen wie lautes Stimmengewirr. Vorbote, 53

❧

Aber als ich das Glück in der Einsamkeit suchte, flüsterte meine Seele in mein Ohr: «Glück ist ein Kind, das in den Tiefen des Herzens geboren wird, es kommt nicht von außerhalb!»

Und als ich mein Herz öffnete, um das Glück zu fin-

den, sah ich darin seinen Spiegel, sein Lager und seine
Gewänder. Das Glück selber konnte ich nicht finden.

*Träne, 135*

٭

Es sind welche unter euch, die den Redseligen suchen,
weil sie Angst haben, allein zu sein.

Die Stille des Alleinseins offenbart ihren Augen ihr
nacktes Ich, und sie möchten flüchten.

*Prophet, 46*

٭

Ich habe die Einsamkeit gesucht, denn in ihr gibt es
volles Leben für den Geist, für die Seele und für den
Körper. Ich habe die endlosen Grasebenen gefunden,
auf denen das Licht der Sonne liegt, wo die Blumen
ihren Duft in den Raum atmen und wo die Bäche ihren
Weg zum Meer singen. Ich habe die Berge entdeckt,
auf denen ich das frische Erwachen des Frühlings fand,
das farbenprächtige Sehnen des Sommers, die reichen
Gesänge des Herbstes und das schöne Geheimnis des
Winters. Ich kam in diese entlegene Ecke von Gottes
Herrschaftsgebiet, denn ich hungerte danach, die Ge-
heimnisse des Universums zu erfahren und mich dem
Thron Gottes zu nähern.

*Geheimnisse, 20*

Ich bin eine Fremder in dieser Welt, und mein Exil ist voll harter Einsamkeit und schmerzlicher Verlassenheit. Ich bin allein, aber in meinem Alleinsein denke ich über ein unbekanntes und zauberhaftes Land nach und diese Betrachtungen füllen meine Träume mit Ahnungen von einem großen, fernen Land, das meine Augen nie gesehen haben. *Geheimnisse, 43*

Ich bin mir selbst fremd, und wenn ich meine Zunge reden höre, wundern sich meine Ohren über meine Stimme; ich sehe mein inneres Selbst, wie es lächelt, weint, tapfer ist und angsterfüllt. Meine Existenz ist erstaunt über mein Wesen, während meine Seele mein Herz befragt. Ich aber bleibe unerkannt, verschlungen von einer entsetzlichen Stille. *Geheimnisse, 43*

Niemals habe ich mich mit meinem anderen Selbst gänzlich vertragen. Der wahre Grund scheint zwischen uns zu liegen. *Sand, 23*

Hab Erbarmen, meine Seele,
du hast mich beladen
mit einer Liebe,

die ich nicht tragen kann.
Du und die Liebe –
ihr seid eine vereinte Kraft,
ich und die Materie hingegen –
eine vereinte Schwäche.
Soll der Kampf
zwischen Stärke und Schwäche
in Ewigkeit andauern?

Hab Erbarmen, meine Seele!
Du zeigtest mir das Glück
aus weiter Entfernung.
Du und das Glück –
ihr thront auf einem hohen Berg,
ich und das Unglück aber –
weilen in einem tiefen Tal.
Werden Höhe und Tiefe
sich einmal begegnen?

Hab Erbarmen, meine Seele!
Du hast mir die Schönheit offenbart
und sie dann vor mir verborgen.
Du und die Schönheit –
ihr seid im Licht,
ich und die Unwissenheit dagegen –
in tiefer Finsternis.
Können Licht und Finsternis
sich miteinander vereinen?

Träne, 51/52

Wenn ich zu wählen hätte zwischen der Kraft, ein Gedicht zu schreiben, und der Verzückung eines ungeschriebenen Gedichtes, würde ich die Verzückung wählen. Es ist die bessere Dichtkunst.

Aber du und all meine Nachbarn seid übereingekommen, daß ich immer schlecht wähle.          Sand, 20

❦

Und kehre ich abends in mein Zimmer zurück, so finde ich all die Worte, die ich im Laufe des Tages gehört habe, wie Schlangen von der Zimmerdecke hängen und wie Skorpione aus allen Winkeln hervorkriechen. Die Worte schwirren im Raum und jenseits des Raumes, auf der Erde und unter der Erde.

Die Worte befinden sich auf den Flügeln des Windes, auf den Wellen des Meeres, in Wäldern und Höhlen und auf den Gipfeln der Berge.

Überall sind Worte. Wohin soll man sich wenden, wenn man Ruhe und Schweigen sucht? Gibt es in dieser Welt eine Vereinigung der Schweigenden, damit ich mich ihr anschließen kann?          Stürme, 176

❦

Und was die Meinung derjenigen betrifft, die behaupten, daß meine Werke in Honig getauchtes Gift sind, so handelt es sich um eine verschleierte Wahrheit. Die reine Wahrheit ist, daß ich das Gift unversüßt und unvermischt darreiche – und zwar in sauberen und durchsichtigen Gläsern. Diejenigen, die zu meiner Entschuldigung sagen: «Er ist ein Phantast, er schwebt in Wolken», sie schauen nur auf den Glanz der Gläser, ohne das darin befindliche Getränk zu beachten, das sie als Gift bezeichnen, da ihr schwacher Magen es nicht verträgt.

Stürme, 61/62

ঽ

Wie niederträchtig bin ich, wenn mir das Leben Gold gibt und ich dir Silber gebe und mich dabei für großzügig halte.

Sand, 35

ঽ

Meine Seele tadelte mich siebenmal.

Das erste Mal, als ich versuchte, mich auf Kosten der Erniedrigten zu erhöhen.

Das zweite Mal, als ich vor Lahmen zu hinken vorgab.

Das dritte Mal, als ich zwischen Schwerem und Leichtem zu wählen hatte – und dem Leichten den Vorzug gab.

Das vierte Mal, als ich einen Fehler beging und mich mit den Fehlern anderer tröstete.

Das fünfte Mal, als ich Schwäche hinnahm und es der Stärke meiner Geduld zuschrieb.

Das sechste Mal, als ich den Saum meines Gewandes hob, damit der Staub des Lebens es nicht beschmutzte.

Und das siebte Mal, als ich ein Lied zum Lob Gottes anstimmte und den Gesang für eine Tugend hielt.

*Erde, 37*

☙

Meine Seele mahnte und lehrte mich und bestätigte mir, daß ich nicht höhergestellt bin als die Bettler und nicht weniger wert bin als die Großen und Mächtigen der Erde.

Bevor meine Seele mich dies lehrte, teilte ich die Menschen in zwei Kategorien ein: in Menschen, die schwach sind und denen mein Mitleid oder meine Mißachtung gilt, und in Menschen, die stark sind, denen ich folge oder gegen die ich mich auflehne. Doch jetzt habe ich erfahren, daß ich ein Einzelwesen bin und zugleich der Baustein, aus dem die ganze Menschheit geschaffen ist. Mein Wesen ist ihr Wesen, meine Gesinnung ihre Gesinnung und meine Bestimmung ihre Bestimmung. Wenn sie Fehler begehen, bin ich mitschuldig; wenn sie Gutes tun, bin auch ich stolz darauf; wenn sie sich erheben, erhebe ich mich mit ihnen; und wenn sie sich zurückziehen, ziehe auch ich mich zurück.

*Erde, 42*

Ich habe alle Menschen geliebt, sogar sehr habe ich sie geliebt. Meiner Ansicht nach kann man sie in drei Gruppen einteilen: die einen verwünschen das Leben, die anderen segnen es, und wieder andere beobachten es. Die ersten liebte ich wegen ihrer Hoffnungslosigkeit, die anderen wegen ihrer Großmut und die dritten ihres Verständnisses wegen.                    Träne, 136

# Vom Leben

Verlangen ist das halbe Leben,
Gleichgültigkeit der halbe Tod.

Das Leben vollzieht sich nicht an der Oberfläche, sondern im Verborgenen. Es kommt nicht auf die äußere Schale der Dinge an, sondern auf ihren inneren Kern, und die Menschen erkennt man nicht an ihren Gesichtern, sondern an ihren Herzen. Erde, 11

⁂

Sogar die Masken des Lebens sind Masken tieferer Geheimnisse. Sand, 32

⁂

Wenn du alle Geheimnisse des Lebens gelöst hast, sehnst du dich nach dem Tod, denn er ist nur ein anderes Geheimnis des Lebens.

Geburt und Tod sind die beiden edelsten Ausdrücke für Tapferkeit. Sand, 48

⁂

Das Leben ist verhüllt und verborgen, wie auch euer größeres Selbst verborgen und verhüllt ist. Aber wenn das Leben spricht, werden alle Winde Worte; und wenn es von neuem spricht, so wird das Lächeln auf euren

Lippen und die Tränen in eurem Aug' zum Wort. Wenn es singt, hören es die Tauben und sind ergriffen; und wenn es sich langsam nähert, sehen es die Blinden und sind entzückt und folgen ihm verwundert und erstaunt.

Garten, 13

༃🍂

Der Mensch strebt danach, das Leben außerhalb seiner selbst zu finden und begreift nicht, daß das Gesuchte in ihm selber liegt.  Ideen, 61

༃🍂

Ich wundere mich über denjenigen, der das Leben in zwei Hälften teilt, wobei er an die Hälfte glaubt, die angetrieben wird, die antreibende Hälfte jedoch bestreitet.

Erde, 127

༃🍂

Die gesamte Schöpfung existiert in dir, und alles, was in dir ist, existiert auch in der Schöpfung. Es gibt keine Grenze zwischen dir und einem Gegenstand, der dir ganz nahe ist, genauso wie es keine Entfernung zwischen dir und sehr weit entfernten Gegenständen gibt. Alle Dinge, die kleinsten und größten, die niedrigsten und höchsten, sind in dir vorhanden als ebenbürtig. Ein einziges Atom enthält alle Elemente der Erde. Eine

einzige Bewegung des Geistes beinhaltet alle Gesetze
des Lebens. In einem einzigen Tropfen Wasser findet
man das Geheimnis des endlosen Ozeans. Eine einzige
Erscheinungsform deiner selbst enthält alle Erscheinungsformen des Lebens überhaupt.          Ideen, 70

&

Wie oft habe ich mit Professoren von Harvard gesprochen und hatte dennoch das Gefühl, ich spreche mit
einem Professor aus Al-Azhar! Wie oft sprach ich mit
Damen aus Boston und hörte, wie sie Dinge sagten, die
ich auch von einfachen und unwissenden Frauen in
Syrien vernommen hatte. Das Leben ist eins, Michael;
es offenbart sich in Dörfern des Libanon genauso wie
in Boston, New York und San Francisco.        Ideen, 61

&

Das Leben ist eine Prozession. Wer langsamen Fußes ist,
findet sie zu schnell, und er tritt heraus.

Und wer schnellen Fußes ist, findet sie zu langsam
und tritt ebenfalls heraus.                   Sand, 36

&

Es war gestern, als ich mich selbst als ein Bruchstück
dachte, ohne Rhythmus in der Lebenssphäre zitternd.

Heute weiß ich, daß ich die Sphäre bin und sich das

ganze Leben in rhythmischen Bruchstücken in mir
bewegt. Sand, 6

※

Das Leben trägt uns von einem Ort zum anderen,
und das Schicksal führt uns aus einem Milieu ins andere; doch wir sehen nichts als die Steine auf unserem Weg und hören nur die Stimme, die wir fürchten.

Träne, 70

※

Begnüge dich nicht, wenn du nur halb zufriedengestellt
bist. Wer mit einem leeren Gefäß den Strom des Lebens
einfangen will, wird mit zwei vollen Gefäßen von dan-
nen gehen. Ideen, 19

※

Das Leben ist nackt. Ein nackter Körper ist das auf-
richtigste und edelste Symbol des Lebens. Wenn ich
einen Berg als eine Ansammlung menschlicher Formen
zeichne, dann geschieht das, weil ich in jedem Berg eine
Ansammlung des Lebendigen sehe. Und wenn ich einen
Wasserfall male, der wie stürzende menschliche Körper
aussieht, dann geschieht das, weil jeder Wasserfall für
mich ein überstürzender Strom des Lebens ist.

Ideen, 12

Es ist euch auch gesagt worden, das Leben sei Dunkelheit, und in eurer Erschöpfung gebt ihr wieder, was die
Erschöpften sagten.

Und ich sage, das Leben ist in der Tat Dunkelheit,
wenn der Trieb fehlt,

Und aller Trieb ist blind, wenn das Wissen fehlt.

Und alles Wissen ist vergeblich, wenn die Arbeit fehlt,

Und alle Arbeit ist leer, wenn die Liebe fehlt;

Und wenn ihr mit Liebe arbeitet, bindet ihr euch an
euch selbst und aneinander und an Gott.        Prophet, 23

✥

Das Leben besteht nicht aus Wohlbefinden, sondern
aus Suchen und Streben.                    Erde, 166

✥

Verlangen ist das halbe Leben; Gleichgültigkeit der
halbe Tod.                              Sand, 54

✥

Wer seine Sittlichkeit bloß als sein bestes Gewand trägt,
wäre besser nackt.

Und wer seinen Lebenswandel durch die Sittenlehre
begrenzt, sperrt seinen Singvogel in einen Käfig.

Prophet, 57

Das Leben und alles, was lebt, wird empfangen im Nebel, nicht im Kristall.

Und wer weiß? Vielleicht ist der Kristall nichts anderes als Nebel in Verwesung.                    Prophet, 69

❧

Ich sagte zum Leben: «Ich möchte den Tod sprechen hören.» Und das Leben redete ein wenig lauter und sagte: «Jetzt hörst du ihn.»                    Sand, 48

❧

Ihr möchtet das Geheimnis des Todes kennenlernen.

Aber wie werdet ihr es finden, wenn ihr es nicht im Herzen des Lebens sucht?

Die Eule, deren Nachtaugen am Tag blind sind, kann das Mysterium des Lichts nicht entschleiern.

Wenn ihr wirklich den Geist des Todes schauen wollt, öffnet eure Herzen weit dem Körper des Lebens.

Denn Leben und Tod sind eins, so wie der Fluß und das Meer eins sind.                    Prophet, 59

❧

Vielleicht kann ein Mensch aus Selbstverteidigung sich das Leben nehmen.                    Sand, 33

Der Tod ist nicht näher bei den Bejahrten als bei den Neugeborenen; das Leben auch nicht. Sand, 42

❧

Vor tausend Jahren sagte mein Nachbar zu mir: «Ich hasse das Leben, weil es nichts als Schmerz ist.»

Und gestern kam ich an einem Friedhof vorbei und sah auf seinem Grab das Leben tanzen. Sand, 40

❧

Das Leben ist eine Insel in einem Meer der Einsamkeit und Zurückgezogenheit.

Das Leben ist eine Insel, deren Felsen die Wünsche und deren Bäume die Träume sind, deren Blumen die Verlassenheit und deren Quellen der Durst ist. Sie liegt inmitten eines Meeres der Einsamkeit und Zurückgezogenheit. Erde, 104

❧

Welcher Mann ist imstande, ein Haus zu verlassen, an dem er ein ganzes Leben lang gebaut hat, selbst, wenn dieses Haus sein eigenes Gefängnis ist? Es ist schwer, solch ein Haus in einem Tag loszuwerden. Ideen, 25

Es gibt jene, die von dem Vielen, das sie haben, wenig geben – und sie geben um der Anerkennung willen, und ihr verborgener Wunsch verdirbt ihre Gaben. Und es gibt jene, die wenig haben und alles geben. Das sind die, die an das Leben und die Fülle des Lebens glauben, und ihr Beutel ist nie leer.                    Prophet, 18

☙

Seht erst zu, daß ihr selber verdient, ein Gebender und ein Werkzeug des Gebens zu sein.

Denn in Wahrheit ist es das Leben, das dem Leben gibt – während ihr, die ihr euch als Gebende fühlt, nichts anderes seid als Zeugen.                    Prophet, 19

☙

Wenn alles Gute und Böse, von dem sie sprechen, wahr wäre, dann ist mein Leben ein langes Verbrechen.

                                                              Sand, 34

☙

Es ist edler, standhaft auszuhalten in den Schwierigkeiten und Beschwerden des Lebens, als sich zurückzuziehen in Sicherheit und Geborgenheit. Der Schmetterling, der so lange um das Licht flattert, bis er verbrennt, ist bewundernswerter als der Maulwurf, der, um Gefahren zu entgehen, seine Wohnung in unterirdischen

Gängen baut. Und das Samenkorn, das die Kälte des Winters und die Stürme nicht ertragen kann, hat auch nicht die Kraft, die Erde aufzubrechen und sich an der Anmut und den Wundern des Frühlings zu erfreuen.

Flügel, 72

ફ⚭

Derjenige, der die Engel und Teufel nicht gesehen hat in den Wundern und Widerwärtigkeiten des Lebens, dessen Herz bleibt ohne Erkenntnis und dessen Seele ohne Verständnis.

Flügel, 15

ફ⚭

Ich liebe die Menschheit, und mit dem gleichen Maß an Liebe begegne ich allen Menschen: jenen, die das Leben verfluchen, jenen, die das Leben segnen, und jenen, die darüber nachdenken. Die erste Gruppe liebe ich um ihres Elends willen, die zweite wegen ihres Großmuts und die dritte, weil sie voll Verstehen und Frieden sind.

Ideen, 63

ફ⚭

Es sind ihrer viele, deren Rede dem Rauschen des Meeres gleicht, aber ihre Leben sind seicht und abgestanden wie die faulige Marsch.

Geheimnisse, 13

Wenn das Leben keinen Sänger findet, der ihm aus dem Herzen singt, bringt es einen Philosophen hervor, der von des Lebens Geist spricht.

Sand, 15

≀⚭⚮

Das Leben ist eine Zauberin,
Die uns mit ihrer Schönheit verführt.
Wer aber ihre Tücke erkannt hat,
Wird ihrem Zauber zu entkommen suchen.

Ideen, 61

≀⚭⚮

Wer die Tage seines Lebens nicht auf der Bühne der Träume verbringt, wird ein Sklave der Zeit sein.

Träne, 88

≀⚭⚮

Nur wenige auf dieser Erde genießen das Leben,
Ohne sich in ihrer Freizügigkeit zu langweilen.
Meistens lassen sie den Strom des Lebens in Becher fließen,
In denen dann ihre Phantasie umherschwimmt.

Ideen, 90

Die Jugend besitzt Flügel, deren Federn die Poesie und deren Nerven die Phantasie sind. Von ihnen werden sie emporgehoben − über die Wolken hinweg; das Leben, das sie von dort aus betrachten, erscheint ihnen strahlend und in den Farben des Regenbogens schimmernd, und sie hören das Leben markige Heldenlieder anstimmen. Doch es dauert nicht lange, bis diese Flügel aus Poesie und Phantasie von heftigen Stürmen geknickt und zerrissen werden; ihre Träger stürzen hinab in die Welt der Realität; diese Welt ist ein sonderbarer Spiegel, in dem der Mensch sich selbst verkleinert und verzerrt sieht.                                            Flügel, 22

Die Wirklichkeit des Lebens ist das Leben selbst, das weder im Mutterleib beginnt noch im Grab endet. Die Jahre, die vergehen, sind nur ein Augenblick im Angesicht der Ewigkeit. Die Welt der Materie und alles, was zu ihr gehört, ist nur ein Traum im Vergleich zu dem Erwachen, das wir den Schrecken des Todes nennen.

                                                         Ideen, 21

Das Bild der Sonne in einem Tautropfen ist nicht weniger als die Sonne selbst. Das Abbild des Lebens in eurer Seele ist nicht weniger wert als das Leben selbst. Ein Tropfen des Taues spiegelt das Licht wider, denn es ist eins mit dem Licht, und ihr seid ein Ebenbild des Lebens, denn ihr und das Leben seid eins.          Garten, 38

Wie klein ist das Leben eines Menschen, der seine Hände vors Gesicht schlägt, sie zwischen sich selbst und die Welt legt und dann nichts sieht außer den engen Linien der eigenen Hand.          Ideen, 37

Das Leben ist älter als alles, das lebt; wie auch das Schöne strahlte, ehe die Schönheit auf Erden geboren ward, und wie auch das Wahre Wahrheit war, ehe es ausgesprochen.

Das Leben singt in unserem Schweigen und träumt in unserem Schlummer. Selbst wenn wir besiegt und tot sind, triumphiert das Leben. Und wenn wir weinen, lächelt das Leben dem Tag, und es ist frei, selbst wenn wir in Ketten gehen.

Oft finden wir das Leben bitter, doch nur, wenn wir selbst von Bitterkeit umhüllt sind. Und wir halten es für leer und unergiebig, doch nur, wenn die Seele zu öden Orten zieht und das Herz berauscht ist von sich selbst.

Garten, 12

Wir leben vom Licht der Sonne, doch in großer Entfernung von ihr. Wer aber kann in der Sonne leben?

Erde, 135

# Von Gott

Gott hat in jede Seele einen Propheten gesandt,
der ihn zum Licht führt.

Unser Gott mit seinem gnädigen Durst wird uns alle trinken, den Tautropfen und die Träne.        Sand, 60

✍

Wenn Gott mich, einen Kieselstein, in jenen wunderbaren See werfen würde, störte ich seine Oberfläche mit zahllosen Kreisen.

Aber wenn ich die Tiefen erreichte, würde ich sehr ruhig.        Sand, 8

✍

Versuchung ist ein Maß, mit dem Gott den Wert der menschlichen Seele mißt. Sie ist eine Waage, die Gott gebraucht, um die Seelen zu wägen.        Abgründe, 29

✍

Das Leid ist der Schatten des Gottes, der seinen Wohnort in guten Herzen hat.        Ideen, 92

Gott hat in jede Seele einen Propheten gesandt, der ihn zum Licht führt. Doch es gibt Menschen, die das Leben außerhalb von sich selber suchen, während das Leben in ihrem Inneren ist. Aber sie wissen das nicht.     Erde, 128

Möge Gott die Überreichen ernähren!     Sand, 59

Gott hört nicht auf eure Worte, außer wenn Er selber sie durch eure Lippen ausspricht.     Prophet, 51

Zu oft singt ihr von Gott, dem Unendlichen, aber in Wahrheit hört ihr das Lied nicht. Könntet ihr das Lied der Vögel wahrnehmen und die fallenden Blätter, wenn der Wind darüberstreicht, so würdet ihr nicht vergessen, daß diese nur singen, wenn sie vom Ast getrennt.

Abermals bitte ich euch, nicht so freimütig von Gott zu sprechen, der unser Alles ist – lieber sprecht miteinander und beginnt, einander zu verstehen – Nachbar zu Nachbar, göttliche Natur zu göttlicher Natur.

Garten, 46

Es wäre klüger, weniger von Gott zu sprechen, den wir nicht begreifen können, und mehr von den Menschen, die wir zu begreifen vermögen. Und doch müssen wir eingedenk sein, daß wir der Atem und der Duft Gottes sind. Wir sind Gott, in Blatt und Blüte und manchmal auch in der Frucht. Ideen, 35

Vielleicht kommen wir Ihm jedesmal ein wenig näher, wenn wir versuchen, ihn zu teilen und herausfinden, daß er unteilbar ist. Aber ich behaupte, daß die Kunst, das Ziehen einer Linie zwischen dem Schönen und Häßlichen, der direkte Weg zu Gott ist. Reine Meditation ist ein anderer Weg. Sie führt zum Schweigen und zur Selbstbeschränkung. Schweigen ist wahrhafter und ausdrucksvoller als die Rede. Die Stunde wird kommen, da wir alle schweigen werden. Warum aber sollten wir uns einen Maulkorb umlegen, bevor diese Stunde geschlagen hat? Laotse sagte: Er verfiel in Schweigen, aber erst nachdem er der Welt den Kern seines Glaubens in Worten mitgeteilt hatte. Ideen, 104/105

Die meisten religiösen Menschen sprechen von Gott, als sei Er männlichen Geschlechtes. Für mich ist Er sowohl Mutter als auch Vater. Er ist beides, Vater und Mutter in einem. Die Frau ist die Mutter-Gottheit. Die

Vater-Gottheit kann man mit dem Verstand oder mit der Vorstellungsgabe erreichen. Aber die Mutter-Gottheit kann nur mit dem Herzen erreicht werden – durch Liebe. Liebe ist der heilige Wein, der aus dem Herzen der Götter strömt und den sie in die Herzen der Menschen gießen. Nur jene kosten ihn klar und göttlich, deren Herzen von aller tierischen Lust gereinigt sind. Mit Liebe trunken zu sein, bedeutet für reine Herzen mit Gott trunken zu sein. Jene hingegen, die den Wein Gottes vermischt mit dem Wein der irdischen Leidenschaften trinken, kosten nur den Geschmack der Orgien der Teufel in der Hölle. *Ideen, 34/35*

Der gute Gott und der böse Gott begegneten einander auf dem Gipfel eines Berges.

Der gute Gott sagte: «Guten Tag, Bruder.»

Der böse Gott antwortete nicht.

Da sagte der gute Gott: «Du bist heute in einer üblen Laune.»

«Ja», sagte der böse Gott, «denn ich wurde letztlich oft mit dir verwechselt, wurde mit deinem Namen genannt und behandelt, als wäre ich du. Und das mißfällt mir.»

Der gute Gott sagte: «Aber auch ich wurde mit dir verwechselt und mit deinem Namen genannt.»

Da ging der böse Gott davon und fluchte der Torheit der Menschen. *Narr, 30/31*

Wenn ihr zwischen den Hügeln im kühlen Schatten der weißen Pappeln sitzt und am Frieden und der Heiterkeit der Felder und Wiesen teilhabt – dann laßt euer Herz schweigend sagen: «Gott ruht in der Vernunft.»

Und wenn der Sturm kommt und der mächtige Wind den Wald erschüttert und Donner und Blitz die Erhabenheit des Himmels verkünden – dann laßt euer Herz in Ehrfurcht sagen: «Gott bewegt sich in der Leidenschaft.»

Und da ihr ein Atemzug in Gottes Sphäre seid und ein Blatt in Gottes Wald, sollt auch ihr in der Vernunft ruhen und in der Leidenschaft euch regen. Prophet, 40

🙚

Denkt euch ein Herz, das all eure Herzen beherbergt, eine Liebe, die all eure Liebe umfaßt, einen Geist, der all euren Geist umgibt, eine Stimme, die all eure Stimmen einschließt, und eine zeitlose Stille, die tiefer ist als all eure Stille. Garten, 44

🙚

Wenn du liebst, solltest du nicht sagen: «Gott ist in meinem Herzen», sondern: «Ich bin in Gottes Herzen.»

Prophet, 14

Der Tautropfen, der eine Perle bildet im Kelch der Lilie, ist wie ihr, wenn ihr eure Seele in Gottes Herz legt.

Garten, 39

≷▲

Wer kann seinen Glauben von seinen Taten trennen oder seinen Glauben von seinen Tätigkeiten?

Wer kann seine Stunden vor sich ausbreiten und sagen: «Dies für Gott und dies für mich; dies für meine Seele und dies für meinen Körper?»  Prophet, 56

≷▲

Die menschliche Seele ist nur ein Teil einer brennenden Fackel, die Gott bei der Schöpfung von sich abgetrennt hat.  Ideen, 102

≷▲

Doch wisset, daß wir der Atem und der Wohlgeruch Gottes sind. Wir sind Gott in der Gestalt des Blattes, der Blüte und oftmals der Frucht.  Garten, 48

≷▲

Als vor Zeiten der erste bebende Laut über meine Lippen drang, erklomm ich den heiligen Berg und sprach zu Gott. Und ich sagte: «Herr, ich bin dein Diener.

Dein geheimer Wille ist mein Gesetz, und ich folge dir immerdar.»

Aber Gott antwortete nicht. Er entschwand einem mächtigen Sturme gleich.

Und nach tausend Jahren erklomm ich den heiligen Berg, und wieder sprach ich zu Gott. Und ich sagte: «Schöpfer, ich bin dein Geschöpf. Aus Ton hast du mich geformt, und was ich bin und habe, schulde ich dir.»

Aber Gott antwortete nicht. Er entschwand tausend eiligen Flügeln gleich.

Und nach tausend Jahren erklomm ich den heiligen Berg, und wieder sprach ich zu Gott. Und ich sagte: «Vater, ich bin dein Sohn. Aus Liebe und Erbarmen hast du mich gezeugt, und in Liebe und Ehrerbietung will ich dein Königreich erben.»

Aber Gott antwortete nicht. Er verschwand wie Dunst in der Ferne.

Und nach tausend Jahren erklomm ich den heiligen Berg, und wieder sprach ich zu Gott. Und ich sagte: «Mein Gott, mein Ziel und meine Erfüllung. Ich bin dein Gestern, und du bist mein Morgen. Ich bin deine Wurzel in der Erde, du bist meine Blüte am Firmament, und gemeinsam wachsen wir vor dem Antlitz der Sonne.»

Da neigte sich Gott hernieder und flüsterte süße Worte in mein Ohr. Und wie der See das Bächlein umfängt, das in ihn mündet, so umfing er mich.

Und als ich in die Weiten und Täler hinabstieg, war Gott auch dort. Narr, 9/10

Das Gras ernährt sich aus den Grundstoffen der Erde;
die Schafe weiden das Gras; der Wolf frißt die Schafe
und das Einhorn tötet den Wolf; der Löwe jagt das Einhorn und der Tod vernichtet den Löwen. Gibt es eine
Macht, die den Tod überwindet und aus der Kette dieser
Verbrechen eine dauernde Gerechtigkeit macht?

Geister, 32/33

Derjenige, der seinen Finger auf das legen kann, was
Gut und Böse trennt, ist zugleich der, der sogar den
Gewandsaum Gottes berühren kann.                    Sand, 31

Ein wahrhaft weiser Mann liebt und verehrt Gott. Das
Verdienst eines Mannes liegt in seinem Wissen und in
seinen Taten, nicht in seiner Hautfarbe, seinem Glauben,
seiner Rasse oder seiner Abstammung.               Ideen, 106

Gott liebt es nicht, von törichten Menschen verehrt zu
werden, die nur jemand anderen nachahmen.

Ideen, 108

Ich wundere mich über denjenigen, der sich mit den geschaffenen Dingen mehr befaßt als mit dem Schöpfer selbst, der darin sichtbar wird. *Erde, 127*

❧

Seit dem Anbeginn der Zeit hat der Mensch sein eigenes Selbst angebetet. Bis zum heutigen Tag hat er diesem Selbst entsprechende Namen gegeben. Und wenn der Mensch heute das Wort «Gott» gebraucht, so meint er damit genau dasselbe wie eh und je: sein eigenes Ich. *Ideen, 34*

❧

Wie ist es möglich, daß ihr eure Augen zum starken Gott erhebt und ihn Vater nennt und euren Kopf dann vor einem schwachen Menschen beugt und ihn Meister nennt? *Geister, 100*

❧

Ein gütiger Gott macht keinen Unterschied zwischen Worten und Namen. Wenn es einen Gott gäbe, der denen, die ihren eigenen Weg in die Ewigkeit gehen, seinen Segen verweigert – kein menschliches Wesen sollte ihn anbeten. *Ideen, 85*

Wer das himmlische Königreich in diesem Leben nicht erblickt, wird es auch im kommenden nicht sehen. Wir sind nicht in dieses Leben geschickt worden wie ins Exil, wir kamen als unschuldige Geschöpfe Gottes, um zu lernen, wie man den heiligen und ewigen Geist anbetet, und um die verborgenen Geheimnisse des Lebens in uns selbst zu suchen im Angesicht der Schönheit des Lebens. Ideen, 51

Das Gebet ist das Lied der Seele. Es erreicht Gottes Ohr, selbst wenn es mit dem Schrei und dem Lärm von tausend Menschen vermengt ist. Ideen, 79

Ich habe keine Feinde, o Gott, aber wenn ich je einen Feind haben sollte, laß seine Stärke meiner ebenbürtig sein.

Allein die Wahrheit mag der Sieger sein. Sand, 33

Mache mich, o Gott, zur Beute des Löwen, ehe du das Kaninchen zu meiner Beute machst. Sand, 10

# Von der Liebe

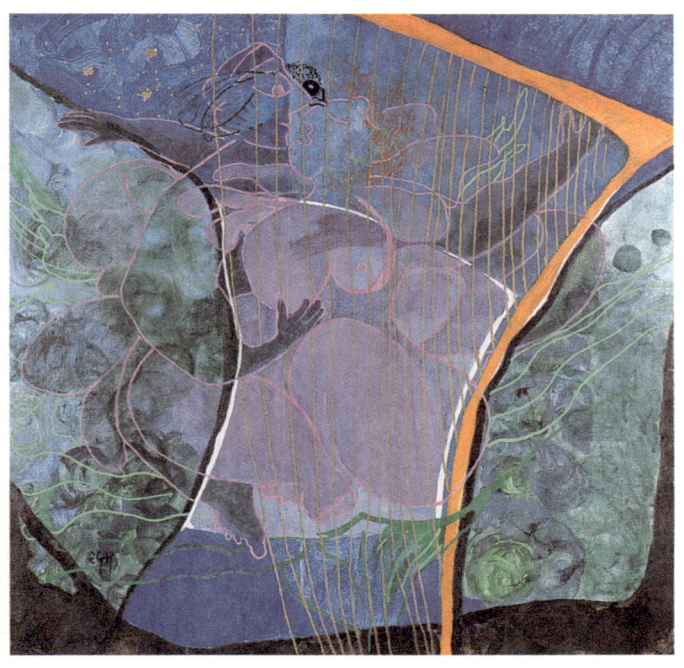

Die Liebe ist wie ein Stern im Himmel,
dessen Licht bei Anbruch des Morgens erlischt.

Wie sollst du erwarten, daß Blumen in deinen Händen erblühen, wenn dein Herz ein Vulkan ist. Sand, 31

🙙

Die Stärke, die das Herz vor Verletzungen bewahrt, hindert es auch daran, seine wahre Größe zu erreichen. Der Gesang der Stimme ist süß, der Gesang des Herzens aber ist wie eine Stimme vom Himmel. Abgründe, 74

🙙

Unser Herz mit seinen mannigfachen Gefühlen gleicht der Zeder mit ihren verschiedenen Ästen. Wenn sie eines starken Astes beraubt wird, leidet sie darunter, doch sie geht daran nicht zugrunde, denn sie wird alle Lebenskräfte auf den benachbarten Ast übertragen, damit dieser wächst und emporragt und sich anstelle des fehlenden Astes neue grüne, saftige Zweige bilden.

Flügel, 77

🙙

Liebe, die nicht immer wieder neu entsteht, stirbt ständig. Sand, 58

Die Liebe ist die einzige Blume, die ohne Jahreszeiten wächst und gedeiht.

Ideen, 58

৯৯

Die Liebe ist wie ein Stern im Himmel, dessen Licht bei Anbruch des Morgens erlischt.

Erde, 162

৯৯

Liebe, die sich nicht jeden Tag selbst erneuert, wird eine Gewohnheit und dann Sklaverei.

Sand, 25

৯৯

Wer unter euch fühlt nicht, daß seine Kraft zu lieben grenzenlos ist?

Und wer fühlt dennoch nicht, daß die Liebe, obgleich grenzenlos, im Kern seines Seins eingeschlossen ist und nicht von Liebesgedanken zu Liebesgedanken oder von Liebestat zu Liebestat zieht?

Prophet, 47

৯৯

Meine Seele ermahnte und lehrte mich zu lieben, was die Menschen hassen, und diejenigen zu schätzen, die sie herabsetzen. Sie erläuterte mir, daß die Liebe keine Auszeichnung für den Liebenden ist, sondern für den Geliebten.

Bevor meine Seele mich dies lehrte, erschien mir die Liebe als ein hauchdünner Faden, der zwischen zwei nahestehenden Pflöcken ausgespannt ist. Doch jetzt sehe ich sie als einen Glorienschein – ohne Anfang und Ende –, der jedes Wesen umgibt und sich allmählich ausbreitet, bis er alle in seinem Licht umfaßt und vereint.

Erde, 38

~

Die Liebe, die mit dem Erwachen der Jugend und ihrer Sorglosigkeit anbricht, begnügt sich mit der Begegnung, sie läßt sich durch die Vereinigung der Liebenden zufriedenstellen und entfaltet sich in der Umarmung; die Liebe hingegen, die im Schoß der Unendlichkeit geboren wurde und mit den Geheimnissen der Nacht herabsteigt, begnügt sich mit nichts außer der Unsterblichkeit, und vor nichts anderem erhebt sie sich ehrfürchtig als vor Gott.

Flügel, 96

~

Begrenzte Liebe ist bemüht, den Geliebten zu besitzen, unbegrenzte Liebe liebt um ihrer selbst willen.

Ideen, 78

Liebe gibt nichts als sich selbst und nimmt nichts als von sich selbst.

Liebe besitzt nicht, noch läßt sie sich besitzen;
Denn die Liebe genügt der Liebe.     Prophet, 14

     ⁀⋅

Die Liebe ist wie ein schöner Vogel, der eingefangen werden will, aber sich dabei nicht verletzen läßt.

             Ideen, 59

     ⁀⋅

Wo immer sie auftritt
ist die Liebe
unser Herr und Meister.
Sie ist nicht
ausschweifende Lust,
nicht Begierde des Fleisches,
kein Splitter des Verlangens,
im Widerstreit mit dem Ich,
auch kein Teil des Fleisches,
das gegen den Geist
zu Felde zieht.
Denn die Liebe
lehnt sich nicht auf.
Sie verläßt nur
die ausgetretenen Pfade
vergangener Geschicke.       Götter, 57

Viele Frauen leihen sich das Herz eines Mannes; sehr wenige können es in Besitz nehmen.　　　　Sand, 24

ॐ

Und glaube nicht, du kannst den Lauf der Liebe lenken, denn die Liebe, wenn sie dich für würdig hält, lenkt deinen Lauf.　　　　Prophet, 14

ॐ

So wie Gott wollte, daß unsere Seelen sich im Gefängnis unserer Körper befinden, so hat es die Liebe gewollt, unser Fühlen zu Gefangenen unserer Worte zu machen.

Träne, 122

ॐ

Der Nehmende ist nicht achtsam, es ist der Gebende, der sich in acht nehmen muß, daß er in brüderlicher Liebe und freundschaftlicher Hilfe gibt und nicht zum eigenen Wohlgefallen.　　　　Abgründe, 71

ॐ

Wenn du dich daran erfreust, deinen Nächsten zu lieben, hört es auf, eine Tugend zu sein.　　　　Sand. 57

Toleranz ist Liebe, belastet mit der Krankheit des Hochmuts.

Sand, 44

⁕

Ewiger Hunger nach Liebe und Schönheit ist meine Sehnsucht. Ich weiß, daß jene, die alles in Hülle und Fülle besitzen, nur elend sind. Mein Geist empfindet die Seufzer der Liebenden wohltuender als die Musik der Lyra.

Ideen, 15

⁕

Die Liebe ist die einzige Freiheit in dieser Welt, sie erhebt die Seele zu erhabenen Höhen, die wir weder durch die Vorschriften und Überlieferungen der Menschen erreichen können noch durch die Gesetze der Natur.

Flügel, 25

⁕

Liebe ist eine Nacht,
die sich vor heiliger Laube neigt,
sie ist ein Himmel,
verwandelt in eine Wiese
und seine Sterne,
verwandelt in Leuchtkäfer.

Götter, 53

O Liebe, die mit gebieterischer Hand
mein Sehnen stets im Zaume hielt,
die meinen Hunger und meinen Durst
auf Tugend und Ehrgefühl richtete,
laß niemals zu,
daß das Starke und Beständige in mir
das Brot essen und den Wein trinken wird,
nach dem mein schwaches Ich verlangt!
Laß lieber mein Herz verschmachten,
laß mich lieber vor Hunger sterben,
bevor ich meine Hand ausstrecke
nach einem Glas,
das du nicht gefüllt hast,
und nach einer Schüssel,
die du nicht gesegnet hast.          Vorbote, 14/15

Du magst denjenigen vergessen, mit dem du gelacht,
aber nie denjenigen, mit dem du geweint hast.     Sand, 60

Jeder junge Mann gedenkt seiner ersten Liebe und
bemüht sich, jene seltsame Stunde zurückzurufen, die
seine tiefsten Gefühle verändert und ihn so glücklich
gemacht hat, trotz ihrer geheimnisvollen Bitterkeit.

Ideen, 30

Derjenige, den Trauer und Verzweiflung nicht wieder-
geboren haben und den die Liebe nicht in die Wiege der
Träume gelegt hat, bleibt ein unbeschriebenes, weißes
Blatt im Buch des Lebens.

Flügel, 15

Was ist eure Liebe anders
als eine gedämpfte Trommel,
die eine lange Prozession
süßer Ungewißheit anführt.

Götter, 49

Liebe und Zweifel sind niemals nur oberflächlich be-
kannt gewesen.

Sand, 25

Der Mensch ist nicht imstande, die Früchte der Liebe zu
ernten, wenn er nicht eine traurige und aufschlußreiche
Trennung hinter sich hat, wenn er nicht die bitterste
Geduld gezeigt und verzweifelte Not ertragen hat.

Ideen, 56/57

Wenn die Liebe dir winkt, folge ihr,

Sind ihre Wege auch schwer und steil.

Und wenn ihre Flügel dich umhüllen, gib dich ihr
hin,

Auch wenn das unterm Gefieder versteckte Schwert
dich verwunden kann.

Und wenn sie zu dir spricht, glaube an sie,

Auch wenn ihre Stimme deine Träume zerschmet-
tern kann wie der Nordwind den Garten verwüstet.

Denn so, wie die Liebe dich krönt, kreuzigt sie dich.

So wie sie dich wachsen läßt, beschneidet sie dich.

So wie sie emporsteigt zu deinen Höhen und die
zartesten Zweige liebkost, die in der Sonne zittern,

Steigt sie hinab zu deinen Wurzeln und erschüttert
sie in ihrer Erdgebundenheit.

Wie Korngarben sammelt sie dich um sich.

Sie drischt dich, um dich nackt zu machen.

Sie siebt dich, um dich von deiner Spreu zu befreien.

Sie mahlt dich, bis du weiß bist.

Sie knetet dich, bis du geschmeidig bist;

Und dann weiht sie dich ihrem heiligen Feuer, damit
du heiliges Brot wirst für Gottes heiliges Mahl.

Prophet, 13

Liebe ist der Schleier zwischen Liebenden.                    Sand, 25

&

Liebende umarmen das, was zwischen ihnen liegt, eher als einander.                                    Sand, 25

&

Jeder Mann liebt zwei Frauen; die eine ist die Schöpfung seiner Einbildungskraft, und die andere ist noch nicht geboren.                                    Sand, 25

&

Als ich als klarer Spiegel vor dir stand, starrtest du mich an und sahest dein Gesicht.

Dann sagtest du: «Ich liebe dich.»

Aber in Wahrheit liebtest du dich selbst in mir.

Sand, 57

&

Die Dunkelheit ist imstande, Bäume und Blumen vor den Augen zu verbergen, aber sie kann Liebe nicht vor der Seele verheimlichen.                                    Ideen, 59

Die Liebe ist in den Geistern
wie der Wein in den Gläsern.
Was davon zum Vorschein kommt, ist Wasser,
und was verborgen bleibt, ist der Geist.          Erde, 15⸗

                              ❦

Wie töricht sind die Menschen, die glauben, daß die
Liebe die Frucht eines langen Zusammenseins ist und
aus ständiger Gemeinsamkeit hervorgeht. Die Liebe ist
vielmehr eine Tochter des geistigen Einverständnisses,
und wenn dieses Einverständnis nicht in einem einzigen
Augenblick entsteht, so wird es weder in Jahren noch in
Jahrhunderten entstehen.          Flügel, 39

                              ❦

Der erste Blick der Geliebten gleicht dem Geist, der
über den Fluten schwebt und aus ihnen Himmel und
Erde erschuf. Der erste Blick der Geliebten gleicht dem
Wort Gottes, wenn er sagt: «Sei!»          Träne, 59

                              ❦

Gestern stand ich am Tor des Tempels und fragte die
Vorübergehenden nach den Geheimnissen und den
Merkmalen der Liebe.

    Da kam ein erwachsener Mann von schlanker Gestalt
und mit finsterem Blick an mir vorbei und sagte seuf-

zend: «Die Liebe ist eine angeborene Schwäche, die wir vom ersten Menschen geerbt haben.»

Eine Frau mit traurigen Augen sagte seufzend: «Die Liebe ist ein tödliches Gift, ausgeatmet von schwarzen Schlangen, die sich in den Höhlen der Hölle befinden. Sie verströmen ihr Gift in die Atmosphäre, mit den Tautropfen fällt es vom Himmel herab, und die durstigen Seelen trinken es begierig; dann sind sie eine Minute lang trunken, ein Jahr lang wach und eine Ewigkeit tot.»

Ein Mann in schwarzem Gewand und mit langem Bart ging vorüber und sagte mürrisch: «Die Liebe ist eine blinde Torheit, die sich in jugendlichem Alter einstellt und mit dem Ende der Jugend aufhört.»

Danach kam ein Mann mit fröhlichem Gesicht und strahlenden Augen vorbei und sagte heiter: «Die Liebe ist ein himmlisches Wissen, das unseren Verstand erhellt und uns die Dinge so sehen läßt, wie die Götter sie sehen.»

Ein Jüngling mit seiner Gitarre kam als nächster vorüber und sprach: «Die Liebe ist ein magischer Lichtstrahl, der aus den Tiefen des Gefühls hervorbricht und sein ganzes Umfeld erhellt; auf diese Weise erlebt man die Welt als einen Reigen, der durch grüne Wiesen zieht, und das Leben als einen schönen Traum, den man zwischen zwei Phasen der Schlaflosigkeit träumt.»

Stürme, 28/29

Um von der Liebe zu sprechen, habe ich meine Lippen mit heiligem Feuer gereinigt, und als ich sie öffnen wollte, blieb ich stumm.

Bevor ich die Liebe kannte, besang ich sie in meinen Liedern; als ich sie kennengelernt hatte, lösten sich die Melodien in Luft auf, und die Worte verstummten.

Stürme, 26

# Von der Schönheit

Wir leben nur, um Schönheit zu entdecken.
Alles andere ist eine Art des Wartens.

Schönheit steht nicht im Gesicht geschrieben. Schönheit ist ein Licht im Herzen.

Ideen, 14

Schönheit scheint heller im Herzen dessen, der sich danach sehnt, als in den Augen dessen, der sie sieht.

Sand, 52

Das Aussehen der Dinge verändert sich wie die Gefühle. Wir vermeinen, Schönheit und Wunder wahrzunehmen, während Schönheit und Wunder in Wirklichkeit in uns selbst sind.

Ideen, 10

Bei Nacht sagen die Wächter der Stadt: «Schönheit wird sich mit der Morgenröte aus dem Osten erheben.»

Und zur Mittagszeit sagen die Arbeiter und Wanderer: «Wir haben gesehen, wie sie sich aus den Fenstern der Abendröte über die Erde neigte.»

Im Winter sagen die Eingeschneiten: «Sie wird mit dem Frühling über die Hügel gesprungen kommen.»

Und in der Sommerhitze sagen die Schnitter: «Wir haben sie mit den Herbstblättern tanzen sehen, einen Schneestreif im Haar.»

All das habt ihr von der Schönheit gesagt,

Doch in Wahrheit spracht ihr nicht von ihr, sondern von unbefriedigten Bedürfnissen,

Und Schönheit ist kein Bedürfnis, sondern eine Verzückung.

Sie ist weder ein dürstender Mund noch eine leere ausgestreckte Hand,

Sondern ein entflammtes Herz und eine verzauberte Seele.                                                    *Prophet, 56*

૨ક

Wie sonderbar ist derjenige, der die Drossel singen hört und sie in der Luft flattern sieht, aber dennoch im Zweifel darüber bleibt, was er gehört und gesehen hat, bis er sie in seinen Händen hält. Wie sonderbar ist derjenige, der von einer schönen Wahrheit träumt und dann versucht, sie durch sichtbare Formen darzustellen und zu verkörpern; und wenn es ihm nicht gelingt, dann zweifelt er an dem Traum, leugnet die Wahrheit und bestreitet die Schönheit.                                       *Erde, 132*

Was du für häßlich hältst, ist es nicht das, was du niemals versucht hast zu erreichen und dessen Sinn zu verstehen du niemals wünschtest?

Wenn es Häßliches gibt, so sind es die Schuppen auf unseren Augen und das Wachs, das unsere Ohren verstopft.                                    Garten, 32/33

Wenn du von Schönheit singst, obwohl du allein im Herzen der Wüste bist, wirst du Gehör finden.     Sand, 21

Wir leben nur, um Schönheit zu entdecken. Alles andere ist eine Art des Wartens.                Sand, 24

Die Schönheit ist ein Weg,
der zur Hingabe des Ich führt.
Schlag deine Saiten an!
Ich bin bereit,
diesen Weg zu gehen.
Er führt stets
zu einer neuen Morgenröte.                       Götter, 56

Eine Minute, die erfüllt ist von Eindrücken der Schönheit und von Liebesträumen, ist größer und kostbarer als
ein Jahrhundert voll Ehre, welche die Schwachen den
Mächtigen erweisen.                                    Träne, 118

≥▲·

Wir gehen zu langsam dem Erwachen des Geistes ent-
gegen; und doch ist nur diese Sphäre, endlos wie das
Firmament, ein Begreifen der Schönheit des Seins durch
unsere Liebe zu dieser Schönheit.          Geheimnisse, 64/65

≥▲·

Schönheit ist Leben, wenn das Leben sein heiliges
Gesicht entschleiert.
    Aber ihr seid das Leben, und ihr seid der Schleier.
    Schönheit ist Ewigkeit, die sich in einem Spiegel
anschaut.
    Aber ihr seid die Ewigkeit, und ihr seid der Spiegel.
                                                   Prophet, 57

≥▲·

Die Schönheit besitzt eine himmlische Sprache, die sich
über die Laute erhebt, die von den Lippen geformt
werden; es ist die ewige Sprache, die alle menschlichen
Sprachen in sich vereint und sie zu einem tiefen, laut-
losen Gefühl verschmilzt, so wie der stille See die mun-

98

teren Lieder der Bäche und Flüsse an sich zieht und sie in seinen Tiefen in ewiges Schweigen verwandelt.

Flügel, 24

❧

Schönheit überragt Religion und Wissenschaft.

Sand, 44

❧

Ihr, die ihr angesichts der mannigfachen Religionen verwirrt seid und ratlos umherirrt in den Tälern der unterschiedlichen Glaubensrichtungen, die ihr die Freiheit des Unglaubens den Fesseln der Unterwerfung vorzieht und die Schauplätze der Ablehnung anziehender findet als die Hochburgen des Gehorsams, erwählt die Schönheit als eure Religion!

Träne, 35

❧

Bist du beunruhigt von den vielen Religionen, zu denen sich die Menschheit bekennt? Bist du verloren im Tal der einander widersprechenden Lehren? Glaubst du, daß die Freiheit der Ketzer weniger beschwerlich ist als das Joch der Unterwerfung? Meinst du, daß die Ungebundenheit der Andersdenkenden sicherer ist als die Festung der Fügsamkeit?

Wenn dem so ist, dann mache die Schönheit zu deiner Religion und verehre sie als deine Gottheit, denn

sie ist das sichtbare, greifbare und vollkommene Werk
Gottes. Laß jene hinter dir zurück, die voll Habsucht
und Anmaßung mit der Göttlichkeit gespielt haben, als
ob sie leerer Wahn wäre. Glaube fest an die Göttlichkeit
der Schönheit: in diesem Augenblick wirst du beginnen,
das Leben anzubeten, und dein Hunger nach Glück
wird erwachen.

Tu Buße vor der Schönheit und sühne deine Sünden.
Schönheit bringt dein Herz näher zum Thron der Weib-
lichkeit, die der Spiegel deiner Neigungen ist, die dein
Herz über die Wege der Natur zu belehren vermag und
dir zeigt, wo es seine Heimat hat. Ideen, 13

ও

Nur mit dem Geist können wir Schönheit verstehen,
um mit ihr zu leben und zu wachsen. Unseren Verstand
verwirrt sie, wir sind nicht in der Lage, sie in Worten zu
beschreiben. Sie ist eine Empfindung, die unsere Augen
nicht wahrnehmen können. Ihr Bestehen verdankt sie
gleichzeitig dem Betrachter und dem Betrachtenden.
Wirkliche Schönheit ist ein Strahl; er kommt aus dem
Allerheiligsten des Geistes und erfüllt den Leib mit
Licht, so wie das Leben aus den Tiefen der Erde aufsteigt
und den Blumen Farbe und Geruch verleiht.

Ideen, 13/14

Schönheit in ihrer zartesten Form bleibt oft unbemerkt und ungehört. Ideen, 101

꿈

Meine Seele ermahnte und lehrte mich, die verborgene Schönheit in ihren Formen und Farben zu entdecken. Sie lehrte mich das, was die Menschen häßlich finden, so lange und so aufmerksam zu betrachten, bis es mir seine Schönheit offenbart.

Bevor meine Seele mich dies lehrte, sah ich die Schönheit als zitternde Fackeln inmitten von Rauchsäulen. Doch der Rauch löste sich auf, und ich sah nichts als die Flammen. Erde, 38

꿈

Schönheit gleicht der Harmonie zwischen Freude und Kummer. Sie hat ihren Ursprung in dem, was uns heilig ist, und endet jenseits der Grenzen unserer Vorstellungskraft. Ideen, 14

꿈

Gesichtszüge, welche die Geheimnisse unserer Seele enthüllen, verleihen einem Gesicht Schönheit und Anmut, selbst wenn diese seelischen Geheimnisse schmerzlich und leidvoll sind. Gesichter hingegen, die – Masken gleich – verschweigen, was in ihrem Innern vorgeht, entbehren jeglicher Schönheit, selbst wenn ihre äußeren Formen vollkommen symmetrisch und harmonisch sind. Ebenso wie Gläser unsere Lippen nur anziehen, wenn durch das kostbare Kristall die Farbe des Weins hindurchschimmert. Flügel, 51

Wenn du die Mitte des Lebens erreichst, wirst du Schönheit in allen Dingen finden, sogar in den Augen, die blind für das Schöne sind. Sand, 24

Eine Frau, der die Gottheit sowohl die Schönheit der Seele als auch die des Leibes verlieh, erscheint uns als sichtbare und verborgene Wahrheit zugleich, die wir durch die Liebe verstehen und in Reinheit berühren; sobald wir aber versuchen, sie durch Worte zu definieren, entzieht sie sich unserem Bemühen und verschwindet hinter einem Nebel aus Verwirrung und Zweifel. Flügel, 27

Schönheit zieht deine Seele an, geben ist für sie seliger denn nehmen. Wenn du der Schönheit begegnest, dann strecken sich tief in deinem Inneren Hände aus, um sie in den Besitz deines Herzens zu bringen. Denn Schönheit ist großartig: sie ist zusammengesetzt aus Kummer und Freude. Die Schönheit bewirkt, daß du das Unsichtbare siehst, das Unklare verstehst und das Stumme hörst. Sie ist das Heiligste vom Heiligen, das in dir selbst beginnt und zu Ende ist weit jenseits der Grenzen deiner irdischen Vorstellungskraft.             Ideen, 12/13

☙

Wenn du einen Mann siehst, den man zum Gefängnis führt, sage in deinem Herzen: «Vielleicht ist er aus einem engeren Gefängnis entkommen.»

Und wenn du einen betrunkenen Mann siehst, sage in deinem Herzen: «Vielleicht sucht er vor etwas noch Unschönerem zu entkommen.»             Sand, 34

☙

Das Schöne fesselt uns, aber das Schönste befreit uns von uns selbst.             Erde, 19

# Von der Erde

Wie schön und prachtvoll bist du, o Erde!
Wie vollkommen und edel ist deine Hingabe.

Das Auge des Menschen ist wie ein Fernglas; es zeigt ihm die Erde größer, als sie in Wirklichkeit ist. *Erde, 18*

≀▲·

Es gibt keinen Raum zwischen der Erde und der Sonne für denjenigen, der aus den Fenstern der Milchstraße heruntersieht. *Sand, 10*

≀▲·

Wie beschränkt ist eine Einsicht, die die Geschäftigkeit der Ameise über den Gesang der Heuschrecke erhebt. *Sand, 41*

≀▲·

Wir würden vor dem Glühwürmchen ebenso ehrfürchtig stehen wie vor der Sonne, wenn wir nicht an unsere Vorstellung von Gewicht und Maß gebunden wären. *Sand, 42*

Einmal erzählte ich einem Bach vom Meer, doch der Bach hielt mich für einen phantasiereichen Übertreiber.

Und einmal erzählte ich dem Meer vom Bach, doch das Meer hielt mich für einen geringschätzigen Verleumder.

Sand, 41

*Für Lilli am 16. 01. 2021*

Der Mensch mit all seiner Klugheit kann nicht verstehen, was die Vögel sagen oder was der Bach vor sich hinmurmelt oder was die Wellen flüstern, wenn sie langsam und sanft den Strand berühren.

Der Mensch in all seiner Klugheit kann nicht verstehen, was der Regen spricht, wenn er auf die Blätter in den Bäumen fällt oder wenn er aufs Fensterbrett tropft. Er weiß nicht, was der flüchtige Wind den Blüten zu erzählen hat.

Aber das Herz des Menschen ist imstande, die Bedeutung dieser Stimmen zu fühlen und zu begreifen.

Ideen, 91/92

Berge, Bäume und Flüsse ändern ihre Erscheinungsform mit dem Wandel der Jahreszeiten und Generationen, und der Mensch wird durch seine Erfahrungen und Gefühle verwandelt. Zur Tageszeit gleicht die vornehme Pappel einer Braut, am Abend sieht sie aus wie eine Säule aus Rauch. Der große Felsen steht zur Mittagszeit so uneinnehmbar da, in der Nacht sieht er aus wie ein armseliger Bettler, der die Erde als Bett hat und den Himmel zum Zudecken. In der Frühe glitzert der Bach und singt die Hymnen der Ewigkeit vor sich hin. Am Abend verwandelt er sich in einen Tränenstrom und klagt wie eine Mutter, die man ihrer Kinder beraubt hat.

Ideen, 9

In einer klaren Nacht öffnete ich die Fenster und Tore meiner Seele und trat hinaus, reich an Wünschen und gefesselt durch die Bande meiner Eigenliebe. Ich sah dich, Erde, die Sterne beobachten, die dich anlächelten. Da wurde ich frei von meinen Fesseln und Lasten und mir wurde bewußt, daß dein Kosmos der Zufluchtsort für unsere Seele ist.

Erde, 60

Die Erde öffnet weit ihren Mund und verschlingt den Menschen und seine Werke: sie erlöst unsere Seele von den Fesseln, die sie an den Leib binden.

Ideen, 25

Einsamkeit ist ein ruhiger Sturm, der all unsere toten
Teile zerbricht.

Jedoch treibt er unsere lebendige Wurzel tiefer in das
lebendige Herz der lebendigen Erde. Sand, 41

৯▲

Alles, was auf Erden ist, folgt dem Gesetz ihrer Natur,
und gemäß der Natur ihres Gesetzes beschenkt sie alle
Wesen mit der Würde der Freiheit und ihrer Freude.

Nur die Menschen sind dieser Gnade beraubt, denn
sie haben ihrem göttlichen Geist ein begrenztes, welt-
liches Gesetz gegeben und ihre Körper und Seelen
einer unbarmherzigen Norm unterworfen; ihre Gefühle haben sie in ein enges, erschreckendes Gefängnis
gesperrt und für ihre Herzen und ihren Geist ein finste-
res Grab gegraben. Geister, 27/28

৯▲

Sicher kann die Frucht nicht zur Wurzel sagen: «Sei
wie ich, reif und voll, und gib immer von deiner Fülle.»

Denn für die Frucht ist das Geben eine Notwendigkeit, so wie Empfangen eine Notwendigkeit für die
Wurzel ist. Prophet, 49

৯▲

Im Herbst sammelte ich alle meine Sorgen und vergrub
sie in meinem Garten.

Und als der April wiederkehrte und der Frühling kam, die Erde zu heiraten, da wuchsen in meinem Garten schöne Blumen, nicht zu vergleichen mit allen anderen Blumen.

Und meine Nachbarn kamen, um sie anzuschauen, und sie sagten zu mir: «Willst du uns, wenn der Herbst wiederkommt, zur Saatzeit, nicht auch Samen dieser Blumen geben, damit wir sie in unseren Gärten haben?»

*Sand, 62*

❧

O Jesus, der du sitzest inmitten eines Kreises von Licht, schenke uns deine Aufmerksamkeit! Blicke auf diese Erde von jenseits der blauen Kuppel und sieh, wie die Dornen die Blumen erstickt haben, die deine Wahrheit pflanzte.

O guter Hirte, das schwache Lamm, das du in deinen Armen getragen hast, ist eine Beute der Wölfe geworden. Dein reines Blut ist in den Tiefen der Erde versickert, die deine Füße geheiligt haben. Diese gute Erde ist von deinen Feinden in eine Arena verwandelt worden, in der die Starken die Schwachen zertreten. Der Schrei der Armen und die Klagen der Hilflosen können nicht mehr von jenen vernommen werden, die auf prunkvollen Sesseln sitzen. Die Lämmer, die du auf diese Erde geschickt hast, haben sich in Wölfe verwandelt, die jene verschlingen, die du getragen und gesegnet hast.

*Abgründe, 45/46*

Wie freigebig bist du, o Erde, und wie groß ist deine Geduld!

Wir lärmen und du lächelst.

Wir verlassen dich und du verzeihst.

Wir fluchen und du segnest.

Wir entheiligen und du heiligst.

Wir schlafen, ohne zu träumen, und du träumst noch im Wachen. Wir verletzen deine Brust mit Schwertern und Pfeilen, und du bedeckst unsere Wunden mit Öl und Balsam. Wir säen Knochen, Hände und Schädel, und du läßt daraus Pappeln und Weiden wachsen.

Wir geben dir unsere menschlichen Überreste in Verwahr, und du füllst unsere Tennen mit Korn und unsere Kelter mit Wein.

Wir bedecken dein Antlitz mit Blut, du aber wäschst unsere Gesichter an den Wassern des Paradiesflusses.

Wir fördern deine Bodenschätze und stellen daraus Kanonen und Bomben her, und du nimmst unsere Grundstoffe auf und verwandelst sie in Rosen und Lilien.

Wie überreich sind deine Gaben und Wohltaten, o Erde, und wie unübertrefflich ist deine Güte!

Erde, 61/62

 

Streit in der Natur ist nur Unordnung, die sich nach Ordnung sehnt.

Sand, 41

Wer sich im Wachen fest an den Boden klammert, wird
bis zum Ende kriechen. Tod und Meer sind ähnlich:
wer es mutig angeht, wird sie überwinden, und wer zu
schwer ist, wird untergehen.                          Ideen, 45

Sturm und Schnee vernichten wohl die Blumen, aber
ihre Samen können sie nicht töten.                  Geister, 76

Säe ein Samenkorn in die Erde, und sie wird dir
eine Blume hervorbringen. Träume deinen Traum zum
Himmel, und er wird dir deine Geliebte bringen.

Sand, 24

Jeder Same, den der Herbst ins Herz der Erde senkt, hat
eine andere Art, die Schale zu zerbrechen, die den Keim-
ling umgibt. Dann bringt er Blätter hervor, hierauf
Blüten und zuletzt die Frucht. Aber es ist gleichgültig,
auf welche Art das geschieht, denn jede Pflanze unter-
nimmt eine einsame Pilgerfahrt und hat eine Sendung
zu erfüllen: nämlich vor dem Angesicht der Sonne zu
stehen.                                              Ideen, 75

Wie kann ich den Glauben an die Gerechtigkeit im Leben verlieren, wenn die Träume derer, die auf Federn schlafen, nicht schöner sind als die Träume derer, die auf der Erde schlafen? Sand, 11

∾

Widerwillig, notgedrungen und widerstrebend geht die Erde aus der Erde hervor.

Dann geht sie stolz auf der Erde einher.

Sie errichtet Paläste, Burgen und Tempel.

Sie bringt Legenden, Lehren und Gesetze hervor.

Schließlich ermüden die Erde die Taten der Erde.

Und sie webt aus den Luftspiegelungen der Erde Fantasien und Träume. Dann legt sich Schwere auf die Wimpern der Erde, und sie schläft ein – ruhig, tief und ewig.

Und die Erde sagt zur Erde: Ich bin der Schoß und das Grab, und ich werde der Schoß und das Grab bleiben, bis die Sterne vergehen und die Sonne zu Asche verbrennt. Erde, 51

∾

Wie schön und prachtvoll bist du, o Erde!

Wie vollkommen und edel ist deine Hingabe an das Licht, ist deine Unterwerfung unter die Sonne!

Wie erlesen ist dein Kleid aus Schatten und wie zart dein Schleier aus Finsternis!

Wie lieblich sind die Lieder deiner Morgenröte und wie erschreckend die Rufe deiner Nächte!

Wie vollkommen und erhaben bist du, o Erde!

Du bist die Sprache der Unendlichkeit und ihre Lippen; du verkörperst die Saiten der Ewigkeit und ihre Finger, die Gedanken des Lebens und ihre Verkündigung. *Erde, 59/60*

✺

Was bist du, Erde, und wer bist du?

Bist du nicht ein winziges Körnchen aus der Staubwolke, die unter den Füßen Gottes aufwirbelte, als er vom Aufgang des Weltalls bis zum Untergang der Welt schritt, oder bist du vielmehr ein Funke, der vom Herd der Unendlichkeit aufflog?

Bist du nicht ein Blutstropfen in den Adern des Allmächtigen oder ein Schweißtropfen auf seiner Stirn?

Bist du eine Frucht, die allmählich unter der Sonne reift, eine Frucht am Baum der Erkenntnis, dessen Wurzeln in die Tiefen der Ewigkeit reichen und dessen Äste und Zweige sich in die Höhen der Unendlichkeit ausstrecken? *Erde, 62*

✺

Wenn die Erde atmet, leben wir; wenn sie ihren Atem anhält, sterben wir. *Erde, 18*

# *Quellenverzeichnis*

Die Texte sind folgenden Werken von Khalil Gibran entnommen:

Der Prophet. Walter Verlag, Zürich und Düsseldorf [31]1996 (Abkürzung: Prophet).

Sand und Schaum. Aphorismen. Walter Verlag, Olten [10]1992 (Abkürzung: Sand).

Erde und Seele. Ungewöhnliche Weisheiten. Walter Verlag, Zürich und Düsseldorf 1996 (Abkürzung: Erde).

Die Götter der Erde. Walter Verlag, Solothurn und Düsseldorf 1993 (Abkürzung: Götter).

Die Stürme. Walter Verlag, Zürich und Düsseldorf 1996 (Abkürzung: Stürme).

Das Reich der Ideen. Aphorismen und Betrachtungen. Walter Verlag, Solothurn und Düsseldorf [8]1995 (Abkürzung: Ideen).

Der Vorbote. Gleichnisse und Gedichte. Walter Verlag, Solothurn und Düsseldorf [3]1995 (Abkürzung: Vorbote).

Der Narr. Lebensweisheit in Parabeln. Walter Verlag, Solothurn und Düsseldorf [14]1995 (Abkürzung: Narr).

Rebellische Geister. Geschichten. Walter Verlag, Solothurn und Düsseldorf [5]1993 (Abkürzung: Geister).

Eine Träne und ein Lächeln. Walter Verlag, Olten und Freiburg im Breisgau 1992 (Abkürzung: Träne).

Geheimnisse des Herzens. Walter Verlag, Solothurn und Düsseldorf [9]1995 (Abkürzung: Geheimnisse).

Gebrochene Flügel. Walter Verlag, Solothurn und Düsseldorf [7]1994 (Abkürzung: Flügel).

Abgründe des Herzens. Walter Verlag, Solothurn und Düsseldorf [8]1995 (Abkürzung: Abgründe).

Das Khalil Gibran Lesebuch. Walter Verlag, Olten und Freiburg im Breisgau 1983.

Im Garten des Propheten. Wilhelm Goldmann Verlag, München 1986 (Abkürzung: Garten). © für die deutsche Übersetzung Wilhelm Goldmann Verlag GmbH, München 1988.

# Bildnachweis

Alle Bilder wurden von der Malerin Françoise Girardot Hiestand gemalt. Sie ist in Frankreich geboren und studierte in Paris in der Académie Montparnasse und den Arts appliqués. Diverse Ausstellungen in Paris, Genf, Besançon und Winterthur.
Die Bilder sind in Acryl- und Ölfarben gemalt.

*Khalil Gibran*
*Der Prophet*

Aus dem Englischen von Karin Graf
110 Seiten mit 12 vierfarbigen Bildern von
Françoise Girardot Hiestand
Halbleinen mit Lesebändchen

Endlich gibt es den Klassiker der Weisheitsliteratur in einer liebevoll gestalteten Ausgabe – illustriert von einer Malerin, die sich seit
Jahren mit dem Werk Gibrans künstlerisch auseinandersetzt. Ein
gelungenes Geschenk für jeden Gibran-Leser und Anlaß, eines der
erfolgreichsten Kultbücher der letzten Jahrzehnte neu zu entdecken.

WALTER VERLAG